라틴아메리카는
처음인가요?

라틴아메리카는
처음인가요?

박정훈 · 김선아 지음

사계절

라틴아메리카

멕시코
· 멕시코시티
아바나 · 쿠바
온두라스
아이티 도미니카 공화국
카라카스 가이아나 수리남
베네수엘라 프랑스령
기아나
과테말라
니카라과
코스타리카
파나마
보고타
콜롬비아
· 키토
에콰도르
브라질
페루
라파스
볼리비아
· 브라질리아
· 리마
파라과이
· 아순시온
아르헨티나 우루과이
산티아고 ·
부에노스아이레스 · 몬테비데오
칠레

미지의 섬에서 주운 행운들

멕시코에 살 때의 일이었어요.

어느 날 현관문을 나서는데, 옆집에 사는 친구가 저에게 외국에서 온 이메일이 있다면서 한번 읽어 봐 달라고 하는 거예요.

"타이완에서 온 메일인데 한번 봐 줄래?"

제가 어느 나라 사람인지 헷갈렸나 보다 싶어서 다시 한 번 제 국적을 말해 주었어요.

"난 타이완이 아니라 한국에서 왔어."

그런데도 그 친구는 그게 무슨 상관이냐는 듯한 표정으로 저를 바라보더군요.

"알아. 그래도 넌 읽을 수 있을 거야. 어쨌든 넌 '아시아'에서 왔잖아."

굳이 공통점을 찾자면 타이완과 한국은 같은 한자 문화권이긴 하지요. 학창 시절에 한문 공부를 좀 더 열심히 해 두었어야 했나 싶었지만,

그랬다 하더라도 타이완에서 온 메일을 술술 읽을 수 있을 것 같진 않아요. 그날 저는 친구에게, 같은 아시아 사람끼리도 나라가 다르면 말과 글이 전혀 통하지 않는다는 사실을 한참 동안 설명해야 했습니다. "가까운 걸로 치자면 타이완보다 일본이 훨씬 더 가깝지만 일본어도 한국어랑 많이 달라." 하면서요. 그 친구에게는 꽤나 이해하기 힘든 사실이었나 봐요.

그럴 만도 한 것이 라틴아메리카에서는 브라질과 몇몇 나라를 제외한 거의 모든 나라가 스페인어를 씁니다. 멕시코와 미국의 경계가 되는 리오그란데강에서 가장 남쪽인 혼곶까지, 비행기를 타고 10시간 넘게 날아가도 말이 통하지요. 심지어 브라질에서 쓰는 포르투갈어도 스페인어와 꽤 닮아서 조금만 노력하면 의미를 얼추 파악할 수 있어요. 그날 갸우뚱한 친구의 얼굴에서, 저는 라틴아메리카의 여러 나라가 서로 얼마나 비슷한지 새삼 느낄 수 있었습니다.

라틴아메리카에 있는 30여 개의 나라들 사이에는 스페인어 외에도 많은 공통점이 있습니다. 대부분이 마야, 아즈텍, 잉카라 불린 위대한 문명의 기억을 간직하고 있고, 스페인과 포르투갈이 침입한 이후 오랫동안 식민지 시대를 살았으며, 19세기에 일제히 독립 운동에 나섰다는 역사를 공유하고 있지요. 지역별로 비중의 차이는 있지만 메스티소와 물라토라고 불리는 혼혈인들의 대륙이라는 점도 중요한 특징이에요. 옥수수와 감자가 주식인 나라가 많고, 축구를 즐긴다는 점도 빼놓을 수 없지요.

이 책에는 이렇게 라틴아메리카와 라틴아메리카 사람들을 이해하는 데 핵심적이고도 공통적인 특징들을 모았습니다. 이들은 라틴아메리카를 탐험할 때 꼭 필요한 이정표예요. 몇 가지 이정표만 알고 있어도 이 대륙이 훨씬 친근하게 느껴질 겁니다.

라틴아메리카는 문화적으로, 역사적으로 우리와 꽤 다른 점이 많기 때문에 놀라운 이야기가 많이 등장할 거예요. 이곳에는 우리의 상식을 뒤집고, 편견을 와장창 깨뜨리는 이야기가 수두룩합니다. 저는 일부러 라틴아메리카 사람들이 세상을 깜짝 놀라게 했던 순간들을 많이 소개하려고 애썼습니다. 그런 이야기들이 라틴아메리카의 도도한 존재감을 보여 줄 수 있으니까요.

라틴아메리카는 결코 작지 않은 대륙인데도 유럽 중심으로 쓰인 역사책에서 소외되곤 합니다. 그러다 보니 우리가 이 대륙의 존재감을 제대로 느낄 기회가 많지 않지요. 아마 많은 사람의 머릿속 세계 지도에서 라틴아메리카는 뚜렷한 윤곽이나 색채도 없이 그저 흐릿한 흑백의 공간으로만 존재할 거예요. 이 책을 읽으면서 그 지역에 알록달록 화려한 색깔을 입혀 나가면 좋겠습니다. 라틴아메리카는 정말 강렬한 색채를 가진 대륙이거든요.

저는 2000년에 처음 멕시코로 떠났고 그 후 약 7년간 그곳에서 살았습니다. 제가 처음 갈 때만 해도, 라틴아메리카는 미지의 대륙 그 자체였어요. 국내에는 변변한 라틴아메리카 역사책 하나 없을 정도였지요. 멕시코가 스페인어를 쓰는지 아닌지조차 긴가민가한 채 비행기에 올랐으니, 돌이켜 생각해 보면 정말 돈키호테가 따로 없었어요. 하지만 그렇게 발 디딘 멕시코에서 저는 수많은 행운을 만났습니다. 이 책에 담긴 이야기들은 제가 이 낯선 땅에서 주운, 보석 같은 행운들의 알맹이기도 합니다.

"미지의 섬을 찾아가려고 합니다."
"이제 미지의 섬은 없어."
"폐하, 미지의 섬이 없다고 누가 그럽니까?"
"모든 섬이 지도에 나와 있지 않느냐!"
"알려진 섬만 지도에 있을 뿐입니다."

포르투갈의 작가 주제 사라마구가 쓴 「미지의 섬」이라는 짧은 소설에는 왕에게 배를 청하는 한 남자가 등장합니다. 사흘 밤낮을 기다린 끝에 왕을 만난 남자는 이런 말로 설득하지요.
라틴아메리카는 여전히 많은 이에게 알려지지 않은 섬일 거예요. 지도에는 나와 있지만 대륙이 간직한 재미난 이야기들을 모르는 사람이 아직 많으니까요. 이 대륙이 품은 많은 가능성도 별로 알려지지 않았어요.
알려지지 않은 섬을 찾아 떠나는 마음으로 이 책을 읽었으면 좋겠습니다. 라틴아메리카라는 대륙에서 자기만의 새로운 섬을 발견할 수 있기를 바랍니다. 또 누가 알겠어요? 저처럼 의외의 행운을 주울지도 모르지요.

차례

프롤로그   ◇ 6

1부 혼혈, 구릿빛 피부의 사람들
사람과 사회

01 ········ 메스티소, 우주적 인종의 탄생   ◇ 15
02 ········ 과달루페 성모, 이단도 정통도 아닌 종교   ◇ 36
03 ········ 아즈텍과 잉카와 마야, 고원과 밀림에 꽃핀 문명들   ◇ 51
04 ········ 옥수수와 감자, 전 세계를 구한 투박한 식탁   ◇ 83
05 ········ 초콜릿, 아메리카가 선물한 달콤한 디저트   ◇ 97

2부 엘도라도에서 혁명의 나라로
정치와 경제

01 ········ 엘도라도, 은광 노새와 산업 혁명   ◇ 111
02 ········ 바나나 공화국, 사라지지 않는 제국의 그림자   ◇ 129
03 ········ 해방자 볼리바르, 하나의 라틴아메리카를 꿈꾸다   ◇ 142
04 ········ 아마존과 안데스, 자연의 축복, 자원의 저주   ◇ 158
05 ········ 체 게바라와 쿠바 혁명, 혁명의 아이콘이 되다   ◇ 176
06 ········ 룰라와 무히카, 가난한 이들의 벗이 된 정치가   ◇ 192

3부 　인생은 곧 카니발

문화와 예술

01 ∞∞∞∞ 　마술적 사실주의, 20세기 문학을 위기에서 구하다　　◇ **209**

02 ∞∞∞∞ 　라틴 댄스, 세계를 매혹한 춤　　◇ **223**

03 ∞∞∞∞ 　삼바 축구, 축구만큼은 세계 최강　　◇ **241**

　　주　　◇ **255**

　　참고 문헌　　◇ **257**

혼혈,
구릿빛 피부의 사람들

사람과 사회

1부에서는 라틴아메리카에 살고 있는 사람들의 이야기를 전합니다. 그들이 어디에서 왔고, 어떤 종교를 갖고 있으며, 과거에 어떤 문명을 이루며 살아왔는지를 두루 살펴봅니다. 또 이들이 전 세계에 전해 준 투박한 음식과 달콤한 디저트 이야기도 담았습니다.

라틴아메리카에는 정말로 다종다양한 사람이 살고 있어요. 지구상에 존재할 법한 피부색은 모두 이 대륙에서 볼 수 있지요. 그래서 이들은 서로의 다른 빛깔을 환영하고 포용하는 데도 능숙합니다. 다양한 빛깔의 사람들이 어울려 사는 풍경 속으로 들어가 볼까요?

01 메스티소
우주적 인종의 탄생

지구상에 존재하는 인종은 모두 몇이나 될까요? 너무 쉬워서 우문처럼 보이지요? 이 세상에 흑인, 백인, 황인의 세 인종이 있다는 것은 초등학생도 아는 상식이지요. 그런데 이런 질문을 멕시코의 철학자이자, 1921년부터 4년 동안 멕시코 교육부 장관을 지낸 호세 바스콘셀로스에게 물었다면 다르게 대답했을지도 모릅니다. 세상에는 인종이 둘 더 있다고요.

바스콘셀로스는 세상에 붉은색 인종과 갈색 인종이 더 있다고 말하곤 했습니다. 붉은색 인종은 아메리카 원주민을 가리키고, 갈색 인종은 라틴아메리카에서 탄생한 혼혈들을 가리킵니다. 이중 갈색 인종이라는 표현이 좀 특이하지요. 바스콘셀로스는 이 표현을 통해 아메리카 원주민, 유럽 백인, 아프리카 흑인, 아시아 황인의 피가 모두 섞여 갈색 인종이 생겨났다는 것을 강조하고 있습니다.

그리고 갈색 피부를 타고난 이 혼혈들을 '우주적 인종'이라고 불렀습니다. 이들이야말로 인류를 새로운 차원으로 발전시키는 역할을 할 수 있다고 보았어요. 다소 낭만적이고 철학적인 주장이긴 하지만, 어딘가 그럴듯하지요? 라틴아메리카에서는 어떻게 이런 우주적 인종이 탄생하게 되었을까요?

최초의 메스티소는 누구였을까?

아메리카는 원래 텅 비어 있는 땅이었습니다. 아무도 살지 않았어요. 그런데 지금으로부터 약 13만 년 전 지구에 빙하기가 시작되면서 아시아와 아메리카 대륙 사이에 길이 열렸어요. 베링 해협이 길이 된 거지요. 해수면이 낮아져서 대륙과 대륙이 이어지자 약 4만 8천 년 전, 그 길을 통해 소수의 유목민이 아시아에서 아메리카 대륙으로 들어왔습니다. 이들이 최초의 아메리카 원주민이 되었지요.

원주민들은 동굴에서 살면서 매머드를 사냥했습니다. 그러면서 점차 대륙 전체로 퍼져 나갔습니다. 북아메리카에서 오늘날의 멕시코 땅을 지나고, 중앙아메리카를 통과하여 남아메리카로 와서 대륙 곳곳에 터를 잡았습니다. 기원전 7500년에 이르러서는 농사짓는 법을 발견했고, 그 뒤부터는 촌락을 만들어 한곳에 정착해 살기 시작했지요. 16세기 초에 스페인이 쳐들어오기 전까지 아메리카 대륙은 원주민들만 사는 곳이었습니다. 나중에 '인디언'이라고 불리게 된, 바로 그들입니다. 당시 이들은 오늘날 멕시코와 과테말라, 페루와 볼리비아, 에콰도르 등지에 화려한 문명을 이루며 살고 있었어요.

그런데 16세기에 스페인에서 정복자들이 침입했고 유럽인과 원주민 사이에 혼혈이 생겨나기 시작했습니다. 이들 사이의 혼혈을 흔히 메스티소라고 부르지요. 혼합, 혼혈을 뜻하는 라틴어 '믹스티시우스 mixticius'에서 온 말이에요. 초기에 남부 유럽, 그중에서도 특히 스페인과 포르투갈의 백인 남성 다수가 아메리카 대륙에 들어오면서 그들과 원주민 여성들 사이에서 태어난 메스티소가 많아졌습니다. 유럽과 라틴아메리카의 역사적 만남의 첫 결과, 첫 메스티소는 과연 누구였을까요?

지금처럼 아기가 태어나면 꼬박꼬박 출생신고를 하던 시절이 아니었으니 당연히 어느 마을, 어느 집에서 대륙 최초의 혼혈아가 태어났는지 알기는 어렵겠지요. 그런데 흥미롭게도 라틴아메리카 사람들 모두가 첫 메스티소라고 짐작하는 사람이 있습니다. 바로 말린체라는 원주민 여성과 에르난 코르테스라는 백인 남성 사이에서 태어났다고 전해지는 아이, 마르틴이지요.

에르난 코르테스는 흔히 '정복자'라고 불립니다. 라틴아메리카에 있던 거대한 제국, 아즈텍을 '정복'했거든요. 코르테스는 스페인의 하급 귀족 집안 출신으로, 황금을 찾아 라틴아메리카에 발을 디뎠습니다. 그때만 해도 유럽 사람들에게 이 대륙은 그저 '신대륙'이었습니다. 거기에 뭐가 있는지, 누가 살고 있는지 알려진 바가 별로 없었지요. 그런데 탐험가 크리스토퍼 콜럼버스가 유럽인 최초로 아메리카에 도착한 뒤, 이 대륙에 황금이 무수히 많다는 소문이 유럽을 떠돌자 코르테스가 그 소문을 뒤쫓아 온 것입니다. 이 미지의 대륙을 차지해서 엄청난 부와 권력, 명예를 거머쥐겠다는 야망에 가득 찬 채로 말이지요.

코르테스를 비롯해 비슷한 시기에 라틴아메리카로 온 사람들은 좀 더 이후에 북아메리카에 정착하는 사람들과는 그 이주 목적이 사뭇 다릅니다. 오늘날의 미국 동부에 도착한 초기 유럽인들은 주로 프로테스탄트라고 불리는 영국의 개신교 신자들이었어요. 개신교를 탄압하는 영국에서 탈출해 종교의 자유를 찾아 신대륙으로 가는 배에 올랐지요. 하지만 라틴아메리카 대륙으로 떠났던 스페인 사람들이 찾는 것은 자유가 아니었습니다. 이들은 자신을 단숨에 부자로 만들어 줄 황금을 찾아 배를 띄웠지요.

1519년에 600여 명의 부하를 이끌고 신대륙을 향해 닻을 올린 코르테스는 멕시코의 유카탄반도에 도착했습니다. 거기서부터 멕시코만 연안을 따라 계속 북서쪽으로 항해하다가 타바스코 해안에서 원주민들과 치열한 전투를 벌이기도 하죠. 그 전투에서 패배한 원주민들은 우호 관계를 약속하는 서약을 하며 황금과 20여 명의 여자를 코르테스에게 '선물'로 바쳤습니다.

말린체는 그렇게 바쳐진 노예 중 하나입니다. 그런데 말린체는 아주 영리했어요. 본명이 말리날리인 이 여성은 유카탄반도에 살던 추장의 딸이었던 터라 다른 노예들과는 조금 달랐지요. 마야어는 물론이고 아즈텍 부족의 말인 나우아틀어도 유창했어요. 이들 지역에 대한 정보에도 밝았지요. 말린체는 곧 코르테스의 눈에 띄었고, 코르테스의 통역자이자 조언자이자 정부가 되었습니다. 코르테스가 말린체를 두고 '나의 혀'라고 부를 정도였지요. 어학 사전도, 믿을 만한 통역자도 전혀 없는 낯선 땅에서 코르테스에게 말린체의 존재는 각별해집니다.

이후 항해를 계속하던 코르테스 일행은 1519년 4월에 오늘날의 베라크루스 근처에 정박합니다. 그 며칠 뒤 아즈텍 제국 황제의 사절단이 귀한 선물을 가지고 이들을 찾아왔습니다. 아즈텍은 오늘날의 멕시코 중부에서 니카라과까지 뻗어 있던 제국입니다. 스페인 정복자들이 도착한 16세기 초반에 아메리카 대륙 전체에서 가장 번성하고 있던 제국 중 하나입니다. 멕시코시티 근처에 있는 테노치티틀란을 수도로 삼아, 목테수마라는 왕이 다스리고 있었지요. 사절단은 화려한 전통 예복과 장신구, 금과 은을 코르테스에게 바쳤어요. 코르테스는 과연 듣던 대로 이 대륙에 금은보화가 많다는 것을 알게 되지요. 코르테스는 이 제국을 정복해 '신대륙'에 식민지를 만들겠다는 야심으로 부풀어 올랐습니다.

얼마 뒤 코르테스는 아즈텍 제국의 수도로 진격했고, 피 흘리는 전투 끝에 아즈텍 제국을 정복했습니다. 그리고 코르테스와 말린체 사이에서 마르틴이라는 이름의 사내아이가 태어났습니다. 백인 남성과 원주민 여성 사이에서 태어났으니 당연히 혼혈이겠지요. 아메리카 대륙을 최초로 정복한 자의 아들을 낳았다고 해서, 그 후 많은 사람들은 말린체를 최초의 메스티소를 낳은 여성이라고 생각하게 되었습니다. 어떤 이들은 '메스티소의 어머니'라고 부르기도 하지요.

그런데 아즈텍 제국이 가장 번성했던 지역으로, 공식적으로도 그 명맥을 잇고 있다고 자부하는 멕시코에서 말린체에 대한 인상은 그다지 좋지 않습니다. 자신들이 뿌리로 여기는 아즈텍 제국을 멸망시키는 데 공을 세운 인물이니 '메스티소의 어머니' 이전에 '반역자', '배신의 아이콘'으로 생각하는 것이지요. 물론 그때는 지금처럼 '멕시코 민족'이라는 생각이 있지는 않았지만요.

그렇게 코르테스가 아즈텍 제국을 정복한 이후, 라틴아메리카에는 점점 더 많은 유럽인이 들어오기 시작했고 수많은 메스티소가 생겨났습니다.

🌑 멕시코의 수도가 멕시코라고?

멕시코에 살 때의 일이었어요. 한 현지인 친구에게 "너 어디 가니?"라고 물었더니 그 친구가 "나 멕시코에 가."라고 말하는 거예요. 저는 어리둥절해서 "여기가 멕시코인데 어디를 간다는 소리야?"라고 되물었어요. 친구는 그제야 수도인 멕시코시티를 간다고 다시 설명하더군요. 나라 이름과 수도 이름이 멕시코로 똑같아서 벌어진 해프닝이었어요.

라틴아메리카에는 이렇게 나라 이름과 수도 이름이 같은 나라들이 더 있어요. 과테말라와 과테말라시티, 파나마와 파나마시티도 그런 경우지요. 혼란을 줄이기 위해서 수도 이름에는 도시라는 뜻의 '시티'를 붙여서 구분하는 것입니다.

처음에는 주로 백인들이 이 대륙에 들어왔지만, 16세기 이후에는 아프리카의 흑인들도 속속 도착했습니다. 이들은 백인들처럼 스스로 원해서 온 것은 아니었어요. '노예 무역'을 통해 아프리카에서 억지로 끌려왔지요. 이곳에서 발달하기 시작한 '플랜테이션'이라는 농장 때문입니다.

라틴아메리카 곳곳에 식민지를 건설한 유럽인들은 열대와 아열대 저지대에 대규모 농장을 만들었습니다. 흔히 플랜테이션이라고 하지요. 원주민들의 땅을 뺏거나, 주인이 누구인지 애매한 땅을 자기 땅이라고 선언하는 방식으로 거대한 땅을 차지하고는 농장을 조성한 것입니다.

농장에서 일할 일손이 크게 모자라자 농장주들은 아프리카에서 노예를 '수입'하기 시작했어요. 아프리카 흑인들이 원주민들보다 체력적으로 더 튼튼하고 일을 잘한다는 생각까지 퍼지면서 적극적으로 흑인들을 '수입'했지요. 노예 무역은 역사상 유례없는 강제 이주였어요. 흔히 노예 무역이라고 하면 미국으로 팔려 간 흑인 노예들을 상상하는데, 사실 그 수로만 보면 라틴아메리카로 팔려 간 흑인이 훨씬 더 많아요. 단일 국가로는 브라질에, 단일 지역으로는 카리브해에 가장 많은 흑인 노예가 건너갔습니다.

16~19세기 중엽에 아메리카 대륙으로 이주한 아프리카 흑인은 총 900만 명 정도인데 그중 약 370만 명이 브라질로 갔다고 추정하고 있어요. 지금도 브라질에 흑인이 많은 것은 그 때문이랍니다. 또 약 460만

브라질 사우바도르항의 어느 식당 앞에 서 있는 흑인들

명의 흑인이 카리브해로 건너갔습니다. 카리브해의 지역들, 즉 오늘날의 쿠바나 아이티, 도미니카 공화국이 있는 지역에서도 플랜테이션이 활발했거든요.

흑인들이 많아졌으니 자연히 흑인과 백인 사이에서도 아이들이 태어났겠지요? 이들을 물라토라고 불렀어요. 그리고 흑인과 원주민 사이에서 태어난 아이들은 삼보라고 불렀어요. 그런데 혹시 라틴아메리카에 가게 된다면, 삼보라는 말은 가능한 한 쓰지 않는 것이 좋습니다. 사전적인 뜻으로는 흑인-원주민 혼혈을 가리키지만, 그 말의 뉘앙스는 썩 좋지 않아요. 특정한 인종을 멸시하고 비하하는 의미로 받아들여지고 있거든요.

메스티소, 물라토, 삼보 외에도 라틴아메리카에서는 다양한 인종을 부르는 말이 계속 생겨났어요. 메스티소와 삼보 사이에, 삼보와 물라토 사이에 계속 아이들이 태어나면서 이들을 지칭하는 표현들이 만들어진 것이지요. 하지만 오늘날 이런 구분은 큰 의미가 없어졌어요. 수백 년이 지나면서 아주 많은 인종이 복잡하게 얽혔기 때문에 출신을 정확히 구별하는 것이 아예 불가능해졌거든요. 그래서 오늘날에는 이 모든 혼혈 인종을 그냥 메스티소라고 부르기도 하지요. 메스티소는 백인과 원주민의 혼혈을 가리키는 말이자, 혼혈 그 자체를 가리키는 말처럼 쓰이고 있습니다.

백인종, 흑인종, 황인종의 3대 인종에 더불어 3대 혼혈과 그 혼혈의 혼혈까지 나오면서 라틴아메리카 인종 지도는 매우 복잡해졌어요. 그런데 자세히 살펴보면 원주민이나 메스티소가 많은 나라, 백인이 많은 나라, 흑인이나 물라토가 많은 나라가 있어서 조금씩 다릅니다.

라틴아메리카가 낳은 대문호인 카를로스 푸엔테스는 재미있게도 인종 고유의 문화를 잣대로 해서 라틴아메리카를 크게 셋으로 나누기도 했습니다. 원주민 전통이 강한 곳, 아프리카계 흑인 전통이 강한 곳, 유럽 백인 전통이 강한 곳으로 구분했지요.

'원주민 라틴아메리카', 즉 원주민 문화가 강한 나라에는 어디가 있을까요? 멕시코와 페루가 대표적이에요. 멕시코는 중부의 아즈텍 제국과 동남부의 마야 문명의 전통을 모두 갖고 있어서 원주민 전통이 무척 강하지요. 혼혈인 비중이 80퍼센트에 달하는 데 비해 원주민 인구는 약 10퍼센트에 불과하지만 원주민 문화의 전통이 지금도 강력하게 남아 있어요. 페루는 잉카 제국의 수도였던 쿠스코가 있는 곳으로, 지금도 원주민 인구가 약 40퍼센트나 됩니다. 이 두 나라 외에 과테말라, 에콰도르, 볼리비아 등도 원주민 전통이 강한 곳이에요.

반면 흑인이 많은 '흑인 라틴아메리카'로는 카리브해의 섬나라들인 쿠바, 도미니카, 아이티, 푸에르토리코(현재 미국의 자치령), 자메이카 등이 있지요. 특히 브라질에는 흑백 혼혈이 많아요.

마지막 '백인 라틴아메리카'로는 아르헨티나, 우루과이, 칠레 등이 있어요. 원래 원주민이 적게 살던 곳인데다, 새로 이민 간 흑인은 별로 없는 대신 18세기 이후에 백인들이 대거 이민을 왔거든요.

🌑 라틴아메리카와 중남미는 다르다?

'라틴아메리카'라는 말은 아메리카 대륙 중에서도 로망스어(라틴어에서 분파된 언어)를 사용하는 나라들을 뭉뚱그려 일컫는 표현이에요. 로망스어에 속하는 스페인어, 프랑스어, 포르투갈어를 사용하는 지역들, 더 정확히는 이들 나라의 식민지였던 지역들을 일컫는 말이지요. 이렇게 부르게 된 데는 프랑스의 영향이 컸어요. 스스로 라틴 세계의 대표라고 생각한 프랑스가 앵글로 색슨을 대표하는 영국에 맞서서 라틴아메리카라는 이름을 고집했다고 하지요. 하지만 이베리아반도의 나라들인 스페인과 포르투갈에서는 이 지역을 '이베로아메리카(이베리아반도의 영향을 받은 아메리카라는 뜻)'라고 부르기도 합니다.

우리나라에서는 이 지역을 흔히 중남미라고 불러요. 중앙아메리카와 남아메리카를 합쳐 부르는 말이지요. 아메리카 대륙에서 차지하는 지리적 위치를 중심으로 한 표현입니다. 그런데 이 경우, 엄밀히 말하면 멕시코가 중남미에서 빠져요. 멕시코는 지리적으로 북미에 속하거든요. 하지만 멕시코는 아즈텍 제국의 전통과 문화를 계승한 국가로서, 문화적으로 중남미에 속해요. 그래서 다소 빈틈이 있긴 하지만, 통상 중남미라고 할 때는 북미 대륙의 멕시코까지 합쳐서 가리키고 있습니다.

마르코는 왜 엄마를 찾아 아르헨티나로 갔을까?

푸엔테스가 '백인 라틴아메리카'로 분류한 나라들을 좀 더 살펴볼까요? 이는 19세기의 주요한 인구 변화와 관계가 깊거든요. 이들 나라에 백인이 많은 것은 정복 초기에 백인이 많이 건너왔기 때문이 아닙니다. 오히려 정복 초기에는 이곳에 이주하는 백인들이 적었어요. 아즈텍 같은 큰 제국이 있던 곳이 아니다 보니 원주민이 많이 살지 않았고, 그래서 식민지를 만들기 어려웠거든요. 이들 지역은 오랫동안 그다지 주목받지 못했습니다. 그러다 19세기 이후에 목축업이 크게 성장하면서 분위기가 달라졌지요. 유럽 각국에서 백인들이 너도나도 일자리를 찾아 건너오기 시작했습니다.

아르헨티나가 그 대표적인 나라입니다. 아르헨티나에 있는 드넓은 초원인 팜파스에서 목축업이 발달하고, 소고기와 소가죽이 유럽으로 대량 수출되어 나라가 크게 성장하자 일자리를 찾는 유럽인들이 이주하기 시작했어요. 이탈리아, 영국, 독일, 프랑스에서 건너간 사람들은 물론이고 동유럽 이민자들까지 다양한 국적의 백인들이 아르헨티나로 가는 배에 올랐지요. 특히 이탈리아 사람들이 많이 건너갔습니다. 이탈리아어는 스페인어와 비교적 비슷해서 쉽게 언어를 익히고 적응할 수 있었기 때문에, 이민을 결심한 사람들이 아르헨티나를 많이 선택했지요.

그 이민 풍경은 우리에게 〈엄마 찾아 삼만 리〉라는 만화 영화로 더 알려진 소설 『사랑의 학교』에서 엿볼 수 있어요. 이탈리아 소설가 아미치스가 쓴 이 작품 속에는 「아펜니노 산맥에서 안데스 산맥까지」라는 단편 동화가 있어요. 〈엄마 찾아 삼만 리〉는 바로 이 단편을 모티프로 만들어진 작품이에요. 이탈리아 제노바에 사는 열세 살 소년 마르코는 일자리를 찾아 아르헨티나로 떠난 엄마가 몸져누웠다는 편지를 마지막으로 소식이 끊기자, 걱정이 된 나머지 직접 엄마를 찾는 긴 여정에 오르지요.

이탈리아 소년의 엄마가 저 멀리 아르헨티나까지 간 것으로 설정된 것은 바로 이 시기가 작품의 배경이기 때문입니다. 이탈리아를 비롯해

아르헨티나의 수도 부에노스아이레스 근교의 팜파스

유럽 곳곳에서 모여든 사람들 덕분에 아르헨티나의 수도 부에노스아이
레스는 마치 유럽의 축소판 같았지요.

20세기에 들어서자 아시아 사람들도 라틴아메리카로 이민을 가기
시작했어요. 특히 중국 사람들은 파나마 운하가 건설될 때 많이 갔지요.
운하를 만드는 고된 일에 사람이 많이 필요했는데 이때 중국 사람들이
일자리를 찾아서 간 것입니다. 일본 사람들은 20세기 초에 전 세계로 크
게 진출했는데, 라틴아메리카 대륙의 나라 중에서는 특이하게도 페루로

많이 갔어요. 현재 페루 인구의 1퍼센트가 일본계라고 전해지지요.

여기에 시리아와 요르단 등에서 온 아랍계 이민자들도 받아들이면서 라틴아메리카는 마치 지구상의 모든 사람을 한자리에 모아놓은 것처럼 더욱더 다채로워졌습니다. 서로 다른 국적의 이민자들이 섞여서 라틴아메리카만의 독특한 인종 지도를 만들어 가고 있지요.

왜 브라질만 포르투갈어를 사용할까?

오늘날 라틴아메리카 대부분의 나라는 주로 스페인어를 쓰는데, 브라질은 포르투갈어를 사용해요. 거기엔 '신대륙' 정복 초기의 역사가 있어요. 정복 초기에 스페인과 포르투갈이 라틴아메리카의 영토와 주도권을 둘러싸고 분쟁을 벌였습니다. 분쟁을 끝내기 위해 1494년에 스페인 중부 도시인 토르데시야스에서 조약을 맺게 되지요.

이때 스페인 대표와 포르투갈 대표는 지도를 펼쳐 놓고 대서양에 있는 카보베르데 섬에서 서쪽으로 370레구아(약 1780킬로미터) 지점에서 남북으로 선을 쭉 그어 지구를 둘로 나눕니다. 그런 다음 동쪽은 포르투갈이, 서쪽은 스페인이 '사이좋게' 차지하기로 하지요. 그렇게 지구를 나누다 보니 라틴아메리카 대륙 가운데에서 동쪽으로 비쭉 튀어나온 브라질 땅이 포르투갈의 지배 지역에 속하게 되었습니다.

그 대륙에 사는 당사자들의 의견은 묻지도 않고, 더구나 아직 그 존재도 제대로 파악하지 못한 지역에 대해 마치 땅따먹기 게임을 하듯 경계선부터 정하다니 그야말로 제국주의적 발상이지요. 어쨌든 그 조약의 결과, 포르투갈이 식민 지배를 한 브라질은 오늘날 공식 언어로 포르투갈어를 쓰는 나라가 되었습니다.

라틴아메리카의 독특한 인종 지도에 우리나라 사람도 있을까요? 물론이에요. 대표적으로 한때 〈애니깽〉이라는 영화를 통해 잘 알려진 멕시코 이민자들이 있지요. 1905년 4월 4일, 일본의 인력 회사가 모집한 한인 1033명이 영국 배에 몸을 싣고 인천의 제물포항을 떠나 멕시코의 메리다에 도착했어요. 이 배를 탔던 이들이 바로 우리나라 최초의 라틴아메리카 이민자들이지요. 이들은 주로 에네켄이라는 선인장을 잘라 모아 공장으로 옮기는 일을 했습니다. 당시에는 에네켄에서 섬유를 뽑아 선박용 밧줄을 만들었는데 그 산업이 호황을 맞으며 에네켄은 '녹색금'이라 불릴 만큼 인기가 높았습니다. 한인들이 에네켄을 발음하기 편하게 애니깽이라고 부르면서 애니깽은 그 자체로 멕시코에 사는 한인들을 두루 일컫는 말이 되었습니다.

애니깽들의 삶은 무척 고달팠습니다. 1905년은 우리나라의 주권이 위태로운 시절이었던 터라 이들은 멕시코에서 좋은 대접을 받지 못했지요. 멕시코 농장주들은 한인들을 마치 노예처럼 부리며 약속한 임금도 제대로 주지 않았습니다. 40도를 오르내리는 열대의 뙤약볕 아래에서 날카로운 선인장 가시에 찔려 가며 일해야 했으니 소나 말보다도 처량한 신세였지요. 처음에는 4년간 일하기로 계약하고 떠난 것이지만, 4년이 지난 후에도 고국으로 돌아오기란 무척 어려웠습니다. 농장주들이 횡포를 부리며 이들을 놓아 주지 않는 경우도 많았을 뿐 아니라, 한일합병이 본격화되자 애니깽들은 마치 유랑하는 난민과 같은 처지가 되

멕시코 유카탄반도의 버려진 에네켄 농장. 초기 한인 이민자들이 이곳에서 일했다.

어 버렸기 때문입니다.

    그렇게 시작된 멕시코 이민의 역사는 벌써 100년을 훌쩍 넘겼습니다. 지금 멕시코에는 한인들이 마치 선인장처럼 강인하게 뿌리 내리고 살고 있어요.

아메리카 원주민, 대통령이 되다

인종과 민족이 다채로운 만큼, 라틴아메리카에서는 다양한 사람들이 각 분야에서 두각을 나타내고 있어요. 특히 역시 이민자들로 구성된 미국과 비교하면 아주 흥미로운 현상이 많습니다.

미국과 비교했을 때 가장 큰 차이점은 바로 원주민들이 정치 무대에서 활약하고 있다는 것입니다. 혹시 미국 대통령으로 아메리카 인디언이 당선되는 상상을 해 본 적이 있나요? 버락 오바마 전 대통령이 당선되자 미국 최초의 흑인 대통령이라고 해서 전 세계적으로 화제가 되었지요. 하지만 흑인 대통령보다 더 상상하기 어려운 것이 인디언 대통령일 거예요. 인디언은 본디 그 땅의 주인들이건만 외진 곳으로 밀려나 있지요.

사실 라틴아메리카에서도 원주민들의 처지는 썩 좋지 않습니다. 이들은 대체로 도시가 아닌 농촌에서 궁핍하게 살고 있어요. 하지만 최근에는 원주민들이 매우 활발하게 자기 목소리를 내고 있어요. 인구의 약 40퍼센트가 원주민인 에콰도르에서는 1990년, 원주민들의 주도 하에 '인티 라이미'라는 봉기가 일어나기도 했어요. 이들은 에콰도르가 원주민의 권리를 존중하는 다민족 국가라는 내용을 헌법에 담으라고 당당하게 요구했습니다.

'인티 라이미'는 원래 고대 잉카 제국에서 태양신을 섬기던 축제 의식을 가리키는 말이에요. 원주민의 권리를 위한 싸움에서 잉카의 전통을 내세운 것입니다. 자기 뿌리에 대한 자긍심과 자부심이 느껴지지요? 이 봉기를 할 때 어떤 원주민들은 에콰도르의 수도 키토를 행진하면서 벽에 이런 글을 남기기도 했습니다.

원주민으로서 내가 가진 것을 사랑한다(Amo lo que tengo de indio).

한편 볼리비아에서는 2006년에 최초로 원주민 대통령이 탄생했어요! 잉카 문명을 이룩한 부족 중 하나인 아이마라족 출신 에보 모랄레스 대통령이 바로 그 주인공이지요. 원주민 대통령답게, 모랄레스는 천연가스를 수출해 벌어들인 부로 원주민과 가난한 이들의 삶을 개선하기 위해 애쓰고 있습니다.

라틴아메리카에서는 아랍 출신 이민자들이 마음껏 활약한다는 것도 미국과 다른 점이에요. 정치, 경제는 물론 대중문화까지 분야를 가리지 않고 아랍 출신들이 활약하고 있어요. 아르헨티나의 대통령을 지낸 카를로스 메넴은 시리아 이민자 가정에서 태어났고, 빌 게이츠와 1, 2위를 다툴 정도로 세계적인 멕시코 부호인 카를로스 슬림은 레바논 이민자 가정에서 태어났어요. 콜롬비아가 낳은 세계적인 팝 가수 샤키라, 영화 〈프리다〉를 비롯해 여러 영화에 출연한 배우 살마 아예크 모두 아버지가 레바논 출신이지요. 역사가 에릭 홉스봄은 미국에서 유대인들이 활발하게 사회 활동을 하는 것과, 라틴아메리카에서 아랍계 사람들이 중요한 역할을 담당하는 것을 비교하며 주목하기도 했지요.

아시아계 이민자들도 빠지지 않고 열심히 활약 중입니다. 1990년에는 일본계 이민 2세인 알베르토 후지모리가 페루의 대통령으로 당선

되었습니다. 아시아인들의 이민의 역사가 유럽계나 아랍계에 비해 꽤 짧다는 것을 감안하면 놀라운 결과지요. 우리나라에서 이민자가 대통령이 되는 상상을 잠깐이라도 해 본다면, 혼혈과 이민에 대한 라틴아메리카 사람들의 포용력이 남다르다는 것을 실감할 수 있습니다.

🔵 왜 라틴아메리카는 아랍 세계와 친근할까?

라틴아메리카가 아랍 세계와 친한 것을 두고 역사학자들은 아랍인들이 스페인에서 오랫동안 살았기 때문이 아닐까 추측하기도 해요. 스페인은 약 700년 동안 무어인들, 즉 북아프리카 출신이며 이슬람교를 믿는 아랍계 사람들과 함께 지냈습니다. 물론 '레콩키스타(재정복)'라고 해서 스페인 땅에서 무어인들을 몰아내는 전쟁을 벌였지만, 그러는 동안에도 스페인 남부는 문화적으로 아랍과 많이 섞였지요. 오늘날 스페인에 있는 알람브라 궁전이 바로 무어인들이 남긴 대표적인 유산입니다. 이 궁전은 스페인 남부 안달루시아 지방의 그라나다에 살던 아랍 군주가 지은 대저택인데, 스페인 아랍 문화를 반영한 빼어난 건축물로 손꼽히지요. 이처럼 아랍 문화와 가까운 스페인 문화가 전파되었기 때문에 오늘날 라틴아메리카에서 아랍 출신들이 인종 차별을 덜 겪는 것이라는 분석도 일리가 있습니다.

빛깔이 다른 이들을 포용하는 곳

라틴아메리카는 수많은 혼혈과 이민자로 이루어진 자신들의 정체성을 긍정하려는 노력을 계속하고 있어요. 그런 마음이 담긴 전설이 하나 있습니다. 이 세상에 어떻게 이렇게 많은 색깔이 생겨났는지에 대한 전설이에요. 멕시코의 치아파스주에 살았던 마야족 할아버지 안토니오가, 도회지에 살다가 게릴라가 되기 위해 찾아온 지식인 마르코스에게 전한 이야기입니다.

원래 세상에는 검정과 하양밖에 없었어요. 검은색은 밤을 다스렸고, 흰색은 낮을 다스렸지요. 그런 세상을 보고 있으려니 신들은 너무 지루하고 따분하기만 했어요. 이대로는 안 되겠다 생각한 신들은 고심 끝에 색깔을 만들기로 결심했지요.

한 신은 좋은 색깔이 없을까 골몰하다 그만 바위에 걸려 넘어졌는데, 머리를 부딪쳐 피를 흘렸지요. 피를 본 신은 그 색에 빨강이라는 이름을 붙였습니다. 또 다른 신은 희망을 칠하기에 좋은 색깔을 찾다가 들녘에서 적당한 색을 찾고는 녹색이라고 이름 붙였어요. 또 다른 신은 땅의 심장인 커피콩 씨앗을 찾아 갈색이라고 이름 붙였고, 또 다른 신은 소년의 웃음소리를 빼앗아 노랑이라고 불렀어요. 또 어느 신은 지구의 색깔을 눈에 담아 와서 파랑이라고 불렀지요.

많은 색깔을 만든 신들은 그 색깔들로 온 세상을 알록달록 색칠하기 시작했어요. 그런데 마구 칠하다 보니 물감이 사람들의 얼굴에 이리저리 튀었지 뭐예요. 그래서 서로 빛깔이 다른 사람들, 빛깔이 다른 생각들이 생겨났다고 전해집니다. 피부 색깔이란 그저 신들이 세상을 다채로운 빛깔로 칠하다가 벌어진 '실수'일 뿐이라는 이야기지요. 이 전설은 피부색에 무언가 심오한 의미라도 있는 양 피부색으로 사람을 차별하려는 이들에게 의미심장한 메시지를 던지고 있습니다.

다시 맨 앞서 소개했던 바스콘셀로스를 떠올려 볼까요? 바스콘셀로스가 라틴아메리카의 다수를 차지하는 혼혈을 두고 '우주적 인종'이라고 부른 것 역시 이런 생각을 담고 있습니다. 바스콘셀로스는 인종 간의 혼합이 인간의 진보에 기여하느냐 퇴보에 기여하느냐를 열심히 탐구한 다음, 진보에 기여한다는 결론을 내립니다. 그러고는 라틴아메리카의 혼혈인들이 적대와 증오로 얼룩진 세상을 더 나은 곳으로 만들어 줄 것이라고 기대합니다. 혼혈인들은 여러 피가 섞인 만큼 이방인에 대한 공감력과 포용력이 남다르다는 뜻이지요. 또 이방인과 교류하는 능력도 매우 뛰어나기 때문에 대륙 바깥의 사람들을 이끌어 나갈 수 있다고 생각했습니다. '우주적 인종'이라는 표현은 다소 거창해 보이지만 이방인에 대한 혐오가 날로 증가하는 요즘 세상에서, 혼혈의 정체성을 긍정하고 타인을 환대하겠다는 생각만큼은 의미 깊지요.

02

과달루페 성모

이단도 정통도 아닌 종교

멕시코 동남부의 치아파스주에 있는 '산후안차물라'라는 동네에 가면
아주 신기하고도 재미난 풍경을 볼 수 있어요. 이 마을에 사는 마야족의
후예들은 일요일이면 동네에 있는 산후안차물라 성당으로 속속 모여
들어요. 일요일에 성당 가는 모습이야 세계 어디서든 볼 수 있는 흔한 풍
경이지만, 이들이 가는 성당과 예배 풍경은 정말 범상치 않답니다.

　우선 성당 건물부터 살펴볼까요? 산후안차물라 성당 정면은 원주
민들이 직접 조각하고 채색한 전통 문양으로 장식되어 있어요. 크기와
모양, 색깔이 제각각이어서 그야말로 형형색색이지요. 만약 누군가 유
럽에서 흔히 보는 고풍스러운 성당 건물을 상상하며 이곳을 찾는다면,

성당을 눈앞에 두고도 찾지 못할 거예요. 언뜻 보면 이교도의 사원처럼 보이거든요. 하지만 성당 앞마당에는 큰 십자가가 서 있어요. 성당 안에 들어가면 예수의 열두 제자를 묘사한 조각상과 성모 마리아상도 있으니 성당임은 틀림없습니다. 그런데 그 십자가가 또 녹색이에요. 녹색 십자가의 테두리도 어김없이 전통 문양으로 장식되어 있고요. 예수의 열두 제자상은 하나같이 머리에 거울을 달고 있어요.

게다가 신자들은 알록달록한 원주민 전통 복장을 입고는 의자 대신 솔잎을 깐 바닥에 앉아 코카콜라와 펩시콜라를 앞에 두고 기도를 드려요. 가장 놀라운 광경은 오후 4시쯤 벌어져요. 신자들은 암탉의 목을 따서 하느님에게 바친답니다! 이쯤 되면 과연 이것이 가톨릭의 종교 의식인지 원주민의 전통 의식인지 도무지 분간이 안 될 지경이에요.

산후안차물라 성당이 워낙 극적이기는 하지만, 라틴아메리카 곳곳에는 이렇게 원주민의 종교와 가톨릭이 섞여 묘한 풍경을 자아내는 성당이 적지 않아요. 울긋불긋한 모습에 원주민 전통 의식인가 하고 보면 가톨릭 예배인 경우가 많지요. 라틴아메리카 사람들의 예배 의식은 한동안 가톨릭 신자들은 물론 다른 종교를 가진 사람들에게도 커다란 혼란을 주었습니다. 라틴아메리카 사람들은 어쩌다 이렇게 독특한 신앙을 갖게 된 것일까요?

산후안차물라 성당

스페인 사람들을 만나기 전까지, 라틴아메리카 원주민들에게는 자신들만의 고유한 세계관과 종교관이 있었습니다. 예컨대 마야족에게는 이런 창조 신화가 전해 내려와요.

신들이 세상을 창조하려고 화톳불 주변에 둘러앉아 논의를 시작했습니다. 논의 끝에 누군가 불로 뛰어들어 희생해야 한다는 결정을 내렸어요. 바로 그때 갑자기 초라하고 못생긴 난쟁이 신이 불속으로 뛰어들었습니다. 그러자 몸을 보석으로 치장한 채 우쭐대던 아름다운 신도 뒤따랐지요. 그 후 난쟁이 신은 해가, 아름다운 신은 달이 되어 우주가 만들어졌다고 합니다. 즉 마야족의 신화에 따르면 해와 달은 신들의 희생으로 만들어진 것이지요.

한편 아즈텍 제국의 사람들은 세상이 한 번이 아니라 여러 번 창조되었다고 생각했습니다. 이것이 바로 그 유명한 '다섯 개의 태양 전설'이지요. 아즈텍인들은 자신들의 세상에 앞서 네 개의 태양이 있었다고 생각했어요. 첫 번째 태양은 재규어, 두 번째 태양은 사나운 바람, 세 번째 태양은 끝없이 내리는 비, 네 번째 태양은 대홍수에 파괴되었다고 여겼고 자신들은 다섯 번째 태양의 시대에 살고 있다고 믿었지요. 그리고 이 다섯 번째 태양도 언젠가 재앙을 맞아 파괴될지 모른다는 두려움을 갖고 있었습니다.

또 남아메리카 안데스 고원 지대에서 번성한 잉카 제국에서는 태양을 아예 신으로 숭배했습니다. 스스로 태양의 후손이라 여겨서 '인티'

라고 부르는 태양신을 섬겼지요.

　대륙이 워낙 넓다 보니 부족마다 종교 의식이나 섬기는 신 들이 조금씩 달랐는데, 그 사이에는 공통점이 하나 있었어요. 바로 범신론입니다. 이들은 신적인 존재가 복수, 즉 하나가 아니라 여럿이라고 생각했어요. 아즈텍 제국에서는 물의 신 틀랄록, 전쟁의 신 우이칠로포츠틀리, 어머니 신 코아틀리쿠에 같은 여러 신을 믿었어요. 잉카 제국에도 태양의 신 인티를 비롯해 창조의 신 우이라코차, 대지의 신 파차마마 같은 신이 있었지요. 즉 라틴아메리카에는 서구 기독교에서처럼 이 세상에 신은 오직 하나뿐이라는 유일신 사상이 없었어요.

　그런데 스페인 사람들이 들어오면서 이런 종교적 관념에 변화가 생기기 시작했습니다. 스페인 사람들은 이 대륙을 두 가지 방향에서 정복하고자 했어요. 하나는 말 그대로 땅의 정복이에요. 땅을 자기 손아귀에 쥐고 원주민들을 노예처럼 부리면서 지배하려는 욕망이 흘러 넘쳤지요. 또 다른 하나는 '영혼의 정복'입니다.

　당신이 떠나는 원정의 첫 번째 목표가 하느님께 봉사하고 기독교 신앙을 전파하는 것이라는 점을 처음부터 명심하시오. 그러므로 당신은 어떤 종류의 신성 모독이나 음탕함도 허용해서는 안 됩니다. (······) 마지막으로 당부하건대, 어둠 속에서 사는 사람들에게 진정한 믿음과 하느님의 교회의 지식을 전파할 기회를 결코 놓쳐서는 안 됩니다.[1]

정복자 코르테스가 라틴아메리카로 떠나는 출항을 준비할 때, 당시 쿠바 정복과 통치 임무를 맡은 벨라스케스는 코르테스에게 이런 지시를 내렸습니다. 스페인과 가톨릭교회는 황금에 눈멀었으면서도 공식적인 정복의 명분은 이교도에게 가톨릭을 전파하는 것이라고 애써 포장했지요. 그래서 정복자들은 정복 전쟁을 치를 때 사제들과 동행했습니다.

그렇다고 이들이 황금을 구하는 일에만 열중하고 가톨릭 전파는 하는 둥 마는 둥 시늉만 했던 것은 아닙니다. 정복자들과 함께 온 사제들은 정말로 가톨릭을 전파하는 데 온 힘을 기울였어요. 가톨릭 사제들이 보기에 라틴아메리카 대륙은 신을 믿지 않는 우상 숭배자들과 이교도들로 가득 찬 곳이었습니다. 이들은 이곳에서 '유일신'으로서 신의 개념을 가르치고 가톨릭을 전파하는 것이 자신들의 사명이라고 여겼지요. 그것은 땅의 정복을 위해서 반드시 해야 하는 일이기도 했습니다. 기독교 전파라는 조건을 달성해야만 아메리카 대륙에 대한 소유권을 교황에게 인정받을 수 있었거든요.

하지만 원주민들을 개종시키는 방법과 과정은 결코 평화롭지 않았습니다. 선교라기보다는 강요와 주입에 더 가까웠지요. 사제들은 원주민들이 만들어 놓은 사원이나 다른 종교 건물 들을 모조리 부수고는 그 잔해를 가지고 바로 옆에 성당을 세우기도 했어요. 토착 종교를 존중하는 마음 같은 것은 별로 없었습니다. 심지어 선교를 좀 더 편리하게 하기 위해 아예 사람들을 이주시키기도 했어요. 원주민들이 산간 오지나 계곡에 흩어져 살고 있어 일일이 포교하기가 힘들다고 판단하자, 특정한 곳에 원주민들을 모여 살게 한 거예요. 그러면서도 원주민들에게는 사제가 될 권리를 주지 않았습니다.

그러면 스페인 사제들은 이 범신론자들에게 가톨릭을 전파하는 데 성공했을까요? 원주민들의 '영혼을 정복'하는 데 성공했을까요? 한동안 많은 사람이 성공했다고 생각했습니다. 수많은 원주민이 성당에 와

멕시코의 치아파스주에 있는 산크리스토발데라스카사스의 대성당.
원주민 장인들이 설화나 민담을 주제로 외벽을 장식했다.

서 세례를 받고 가톨릭 신자가 되었거든요.

하지만 앞서 설명한 산후안차풀라 성당을 보면 이를 성공이라 해야 할지 실패라 해야 할지 조금 혼란스러워져요. 가톨릭 신앙이기는 하지만 토착 신앙과 뒤섞여 있으니까요. '메스티소의 성모'라 불리는 과달루페 성모가 탄생하게 된 배경을 알고 나면, 그 혼란은 더욱 커져 갑니다.

테페약 언덕에 나타난 갈색 성모

식민지 시절인 16세기 초, 멕시코시티 북쪽에 있는 테페약이라는 언덕에서 이런 일이 일어났다고 전해집니다. 어느 날 후안이라는 원주민이 사제에게 달려와 테페약 언덕에서 갈색 얼굴의 성모 마리아를 보았다고 고했어요. 그러면서 성모 마리아가 이곳에 성모를 위한 성당을 지으라고 명했다는 거예요. 그것도 스페인어가 아니라 원주민들의 언어인 나우아틀어로 말했다고 전했지요. 스페인 사제는 그 말을 쉬이 믿지 않았습니다. "어떻게 고귀하신 성모 마리아가 하찮은 네 앞에 나타날 수 있겠느냐?" 하고요.

실망해서 돌아간 후안 앞에 성모 마리아가 다시 나타났어요. 후안은 이번에는 당신이 성모라는 것을 알 수 있도록 증거를 달라고 했어요. 그러자 성모는 장미가 피어 있는 곳을 알려 주면서 그곳에 핀 장미를 꺾어 가져가라고 했어요. 성모가 말해 준 곳은 삭막한 바위 언덕인 데다 당시는 장미가 필 리 없는 겨울이라, 후안은 반신반의하면서 그곳에 가 보았습니다. 그런데 정말로 장미가 소담스럽게 피어 있는 것 아니겠어요? 후안은 장미를 한 다발 꺾어서 사제에게 가져갔습니다.

겨울에 볼 수 없는 장미꽃을 들고 오자 사제는 깜짝 놀랐어요. 꽃도 꽃이지만 후안이 꽃을 담아 온 망토에서 성모의 형상이 나타났거든요. 기적 같은 일이 벌어지자 사제는 후안 앞에 성모 마리아가 강림하셨다는 것을 믿지 않을 수 없었어요.

사제는 성모의 분부대로 테페약 언덕에 성모를 위한 성당을 짓기 시작했습니다. 그리고 그 성당 안에 원주민을 닮은, 갈색 피부에 검은 머리칼을 가진 성모 그림을 그렸지요. 이것이 1533년의 일이에요. 라틴 아메리카 대륙 최초로 원주민을 위한 성모가 등장한 것입니다. 이 성모는 이후 '과달루페 성모'라고 불렸지요.

이 소식이 전해지자 수많은 원주민이 기꺼이 기독교로 개종하기 시작했어요. 원주민들을 위한 신이라고 하니 거부감이 사라진 것이지요. 이때부터 테페약 언덕은 성지로 유명해져서, 오늘날에도 멕시코 전역에서 순례자들이 해마다 이 언덕을 찾아옵니다. 당시에 그려진 과달루페 성모 그림은 400년도 더 지난 지금까지도 원본 그대로 보존되어 있어 신비로움을 더하지요.

후안 앞에 정말로 갈색의 성모가 나타난 것일까요? 정말이라면 왜 나타난 것일까요? 그 사실 여부보다 더 중요한 것이 있어요. 테페약 언덕에는 성모가 나타나기 전에 이미 터를 잡고 있던 다른 여신이 있었다는 사실입니다.

아즈텍 제국 시절, 테페약에는 토난친이라는 여신을 숭배하던 신전이 있었습니다. 토난친은 아즈텍 부족이 믿던 여러 신 중 하나로, 아즈텍에서는 '대지의 어머니'로 알려진 여신이지요. 그래서 많은 학자는 토난친 여신에 대한 토착 신앙이 성모 마리아에게로 옮겨 간 것이 아닐까 추측해요. 가톨릭 성모에게 토난친 여신의 옷을 입혔다고 할까요? 아즈텍 제국에서는 애초에 다신교를 믿었던 데다, 토난

멕시코의 어느 가정집 입구에 그려진 과달루페 성모

친 여신과 여러모로 비슷한 부분이 있는 성모 마리아라는 새로운 신을 받아들이는 것이 비교적 어렵지 않았던 거예요. 지금도 과달루페 성모의 성당은 토난친 여신을 숭배하던 신전 자리에 있습니다.

어쨌든 과달루페 성모 덕분에 가톨릭을 믿는 사람들이 크게 늘어나자 스페인의 가톨릭 사제들도 차츰 이 성모를 인정하기 시작했어요. 초기에만 해도 가톨릭 사제들은 갈색 피부의 성모를 인정하지 않았어요. 과달루페 성모에 예배하는 것을 금지할 정도였지요. 하지만 1754년에 교황 베네딕토 14세는 과달루페 성모를 '누에바에스파냐'(당시 라틴아

메리카 지역의 스페인 식민지 중 하나)의 수호성인으로 인정했습니다. 또 멕시코는 나중에 독립국이 된 뒤에 과달루페 성모를 '국가의 성모'로 받들었지요.

지금도 멕시코 곳곳에서는 과달루페 성모를 흔하게 볼 수 있어요. 멕시코 사람들의 성모 사랑은 유별나서, 멕시코에는 가톨릭 인구보다 과달루페 성모를 따르는 사람(과달루페노)이 더 많다고 할 정도지요. 멕시코의 과달루페 성모는 유럽에서 볼 수 있는 흰색 옷의 단정한 성모와는 달리, 색색으로 현란하게 치장한 아주 화려한 모습이에요. 멕시코시티 빈민가 골목길에서 중산층 가정의 거실까지, 과달루페 성모상은 멕시코 사람들의 삶 깊숙이 자리하고 있습니다.

🔵 누에바에스파냐는 어디일까?

라틴아메리카나 스페인의 역사에 관한 책을 보다 보면, 종종 '누에바에스파냐'(새로운 스페인이라는 뜻)라는 단어와 만나게 됩니다. 누에바에스파냐는 1535년부터 1821년까지 있었던 스페인 식민지의 행정 단위 이름입니다. 스페인 왕이 현지에 파견한 부왕이 다스리는 곳이었기 때문에 '부왕령'이라고 하지요.
행정 단위라고는 하지만 그 범위는 굉장히 넓었어요. 오늘날의 멕시코와 중앙아메리카는 물론이고 미국 남서부, 카리브해, 필리핀까지 모두 여기에 속했지요. 누에바에스파냐는 1821년에 멕시코를 비롯한 중앙아메리카의 여러 나라가 독립하면서 역사 속으로 사라졌습니다.

라틴아메리카에는 과달루페 성모처럼 토착 종교와 가톨릭을 묘하게 결합한 신앙을 가진 이들이 많습니다. 이는 생각보다 빨리, 그리고 널리 가톨릭이 전파될 수 있었던 이유이기도 해요.

고유한 신앙과 가톨릭 신앙이 한데 뒤섞이는 기막힌 광경 앞에서, 학자들은 이 현상을 어떻게 해석해야 할지를 두고 다양한 이론을 쏟아냈지요. 학자들은 이런 현상에 붙일 만한 단어를 하나 떠올렸어요. '신크레티즘'이라는 표현입니다. 우리말로는 '혼합주의'라고 번역할 수 있어요. 서로 다른 종교나 사상이 조화롭게 공존하거나, 혹은 뒤섞여서 새로운 것이 만들어지는 현상을 가리키는 말이지요.

과거에나 지금에나 라틴아메리카는 신크레티즘에 아주 관대한 대륙입니다. 어떤 것의 기원이나 원형에 연연하기보다 새로운 혼합, 새로운 변화를 기꺼이 받아들이는 편입니다. 라틴아메리카를 신크레티즘의 대륙이라고 불러도 좋을 정도예요.

라틴아메리카 곳곳에는 신크레티즘의 사례가 많이 있어요. 흑인 인구가 많은 브라질에 가면 흑인 성모도 볼 수 있지요. 상파울루 근교에 있는 아파레시다 대성당은 세계에서 세 번째로 큰 성당이자 브라질 가톨릭의 성지로 손꼽히는데, 이곳에는 검은 얼굴을 한 아파레시다 성모가 있습니다. 그 시작과 관련된 전설이 하나 전해 내려와요.

이 성당 근처에서 어부 세 명이 낚시를 하고 있었는데 그물에 검은 피부의 성모상이 걸려 나왔다고 합니다. 그와 동시에 물고기가 아주 많이 잡히는 기적이 일어났다고 해요. 그 뒤 이곳은 성모가 발현한 성지로 여겨져 1734년에 성당을 세우고, 그 안에 흑인 성모상을 모셨어요. 그렇게 시작된 브라질의 가톨릭 역사는 꾸준히 발전해서 오늘날 브라질은 지구상에서 가장 큰 가톨릭 국가로 손꼽힙니다.

"그 성모의 얼굴은 브라질 민중의 얼굴이다."

상파울루의 가톨릭 신부 주제 상투스는 검은 얼굴의 성모에 대해 이렇게 설명하기도 했어요. 이 말은 흑인이 많이 사는 브라질에서 흑인 성모가 갖는 의미를 잘 보여 줍니다. 흑인 성모는 브라질의 귀족이나 상류층이 아니라 가난하고 어려운 서민들을 보살피는 성모이기에 브라질 민중들에게 환영받을 수 있었지요. 오늘날에도 대도시는 물론 '파벨라'라 불리는 브라질 빈민가의 누추한 집에도 이 흑인 성모상이 여지없이 자리 잡고 있어요.

가톨릭만 신크레티즘의 대상이 된 것은 아니에요. 다른 종교들도 부단히 혼합되면서 새로운 면모를 갖추어 나갔습니다. 대표적으로 브라질에서 주로 발전한 칸돔블레를 들 수 있어요. 칸돔블레는 나이지리아, 세네갈, 콩고 등 서아프리카 지역에서 끌려온 브라질 흑인 노예들이 발전시킨 종교입니다. 흑인들이 고향에서부터 갖고 온 아프리카 신앙에 가톨릭, 그리고 아메리카 원주민 신앙까지 두루 섞여서 만들어졌지요. 이 종교의 가장 큰 특징은 성상이 없다는 거예요. 이들은 신의 모습을 조각이나 그림으로 남기지 않아요. 성서도 없어요. 오로지 입에서 입으로, 구전으로만 전해지는 종교지요. 또 칸돔블레에서 믿는 신은 하나가 아니에요. 올로두마레라는 절대자를 믿고, 오리샤와 같은 여러 신을 믿지요. 재미있는 점은 칸돔블레 신자들에게는 자기만의 수호 오리샤가 있다는 거예요. 나만의 수호신이 있는 종교라니, 정말 독특하지요? 지금도 브라질을 비롯한 여러 나라에 약 200만 명의 칸돔블레 신자가 있습니다.

라틴아메리카 사람들은 자신들의 고유한 종교 전통을 완전히 버리지 않으면서 새로운 종교를 받아들였어요. 그런 점에서 보자면 스페인 사제들이 정복 초기에 세웠던 '영혼의 정복'이라는 과제는 실패했다고 볼 수 있습니다. 과달루페 성모나 흑인 성모, 칸돔블레의 오리샤를 본다면, 어느 누구도 감히 이들의 영혼을 정복했다고 말할 수 없겠지요.

혼혈의 땅 라틴아메리카는 피부색뿐만 아니라 혼종의 신앙으로 많은 사람의 상식을 깨뜨리고 있습니다. 종교의 모습이 얼마나 다채로울 수 있는지 궁금하다면 라틴아메리카의 갈색 성모를 찾아가 보세요.

🔴 라스카사스, 원주민의 인권 보호에 앞장선 백인 신부

멕시코에는 '산크리스토발데라스카사스'라는 이름의 도시가 있어요. 산크리스토발과 라스카사스라는 두 사람의 이름이 뭉쳐져서 이렇게 긴 도시 이름이 되었지요. 산크리스토발은 아메리카를 '발견'한 크리스토퍼 콜럼버스를 가리키고, 라스카사스는 식민지 초기에 활동한 백인 신부를 가리키지요. 콜럼버스는 그렇다 해도 식민지 정복이 한창이던 때에 살았던 백인 신부를 기리다니, 선뜻 이해가 되지 않지요?

라스카사스는 1513년에 스페인이 쿠바를 정복할 때 동행했던 신부입니다. 이때까지만 해도 라스카사스는 원주민의 권리에 관심이 없었다고 해요. 외려 집안에 보유한 노예의 수를 늘리느라 분주했지요. 하지만 어느 순간 자신이 소유한 것이 모두 원주민에게서 빼앗아 온 것이라는 깨달음을 얻어요. 이후 소유한 노예를 모두 해방하고, 원주민의 권리를 위해 싸우기 시작했어요. 스페인 왕을 알현해 원주민 노예 제도가 스페인에 좋지 않다고 설득하는가 하면, 원주민과 스페인 사람 간에 다툼이 일어나면 중재에 앞장섰지요.

라스카사스는 이른바 '바야돌리드 논쟁'을 통해서 유명해졌어요. 이는 '원주민에게도 영혼이 있는가?'라는 황당한 주제로 스페인의 바야돌리드라는 곳에서 이루어진 역사적인 토론입니다. 토론 주제가 기가 막히지요? 하지만 당시 스페인 귀족과 사제, 왕실은 원주민을 정복하고 노예로 만드는 것을 정당화하는 논리가 필요했기 때문에 아주 중요한 논쟁이었어요. 이 논쟁에 나선 라스카사스는 원주민에게도 이성이 있다는 주장을 강하게 펼쳤습니다. 원주민에게도 이성이 있으므로 노예로 만들어서는 안 되며 포교해야 한다고 주장하면서, 원주민은 이성이 없다고 주장하는 이들과 격돌했지요. 이 세기의 대결은 라스카사스의 승리로 끝났습니다.

라스카사스의 이런 노력 덕분에 아메리카 원주민들이 노예로 전락하는 것을 막을 수 있었지요. 식민지 정복 시기에도 원주민들을 괴롭힌 성직자만 있었던 것이 아니라, 라스카사스와 같은 선구적인 성직자도 있었습니다.

03 아즈텍과 잉카와 마야
고원과 밀림에 꽃핀 문명들

15세기와 16세기 초, 유럽에는 아메리카 대륙에 대한 다양한 소문이 떠돌았습니다. 그곳이 인도인지, 아니면 지도에도 없는 새로운 대륙인지조차 정확히 알지 못했던 콜럼버스 이후, 많은 탐험가가 '신대륙'을 찾아 항해했고 이에 대한 정보를 얻기 시작했지요. 용감한 탐험가들이 어렵사리 고국으로 가져온 소문들은 살이 붙여지며 전 유럽을 떠돌았습니다. 그중에는 얼토당토않은 소문도 있었고, 제법 그럴듯한 소문도 있었어요.

그런데 이런 소문에 이끌려 탐험을 결심한 이들이나, 진귀한 보물과 새로운 소식을 구해 오길 바라며 탐험가들을 지원했던 이들 누구도 라틴아메리카 대륙에 고도로 발전한 문명이 있으리라는 상상은 하지 못했습니다. 고작해야 '미개한' 사람들이 '원시적으로' 살고 있으리라고 생각했지요.

하지만 코르테스와 피사로, 그리고 이들과 함께 라틴아메리카 속으로 깊숙이 들어간 사람들은 예상치 못했던 풍경과 마주하고 크게 놀랐어요. 해발 2000~3000미터에 달하는 고원 위에 엄청난 문명국가가 세워져 있었거든요. 숲을 한참 동안 헤치고 들어가야만 하는 빽빽한 밀림 속에도 고도로 발달한 문명 도시가 있었지요.

아즈텍 제국과 잉카 제국은 스페인 사람들이 도착한 당시, 라틴아메리카에 번창하고 있던 대표적인 문명이자 제국입니다. 오늘날의 멕시코 고원 지역에서는 아즈텍 제국이, 남아메리카의 안데스 고원 지역에서는 잉카 제국이 각각 번성하고 있었지요. 그리고 오늘날의 멕시코 동남부 지역에서는 마야 문명이 전성기를 지나 쇠락의 길을 걷고 있던 참이었어요.

아즈텍, 고원에 세운 거대한 제국

스페인 사람들이 가장 먼저 정복한 아즈텍 제국부터 이야기해 볼까요? 아즈텍 제국은 누가 세웠을까요? 그 이름 그대로 아즈텍족이라는 부족이 세웠어요. 아즈텍족은 멕시카족이라고도 불려요. 멕시카는 달의 여신이라는 뜻이니, 그 이름만으로도 멕시카족은 달의 여신을 섬기

는 부족임을 알 수 있지요. 이 멕시카에서 오늘날의 멕시코라는 나라 이름이 생겨났습니다.

아즈텍족에게는 지금까지 내려오는 전설이 하나 있어요. 어느 날 신이 아즈텍 부족의 추장에게 나타나 독수리가 발톱으로는 선인장 위에 있는 뱀을 누르고, 부리로는 뱀을 물고 있는 땅에 가서 도읍을 정하라고 했대요. 신의 계시를 따라 원래 멕시코 북부에 살던 아즈텍족은 고원을 조금씩 남하하다 텍스코코 호수에 다다랐어요. 1111년경에 출발해서 1218년경, 천신만고 끝에 도착했지요. 이 호수의 한복판에는 섬이 있었는데, 아즈텍족은 그 섬에서 그간 전설로만 전해지던 풍경을 직접 보게 되었습니다. 아즈텍족은 바로 그곳에 터를 잡고, 1344년경에 테노치티틀란이라는 수도를 세워 정착했어요. 이후 거대한 영토를 다스리는 강력한 제국으로 번성해 나갔습니다.

혹시 멕시코 국기를 본 적이 있나요? 멕시코 국기에는 바로 그 전설대로 독수리와 선인장, 뱀을 그린 문양이 있어요. 이 문양만 보아도 멕시코가 아즈텍 제국의 역사와 전통을 잇는 나라임을 알 수 있지요.

그런데 이 전설은 어디까지 사실일까요? 학자들의 연구에 따르면, 아즈텍족이 원래 텍스코코 호수에 살던 부족이 아니라 멕시코 북쪽에서 새로 온 부족이라는 것은 역사적 사실에 가깝습니다. 그들이 텍스코코 호수에 도착했을 때 이 호수에는 이미 다른 부족들이 터를 잡고 살고 있었기 때문에, 아무도 살지 않는 호수 한복판의 섬으로 갈 수밖에 없었으리라 추측하지요. 그리고 실제로 그 섬에는 뱀이 우글거렸다고 해요.

텍스코코 호수는 호수이면서 늪지대에 가까워요. 늪 사이사이에 물이 고여 있는 모습이지요. 아즈텍족은 늪을 메워 농사를 짓고, 또 주변 국가도 하나씩 점령해 나가면서 제국을 크게 키워 갔습니다. 아즈텍족의 지혜를 보여 주는 농사법이 하나 있어요. 지금도 그렇지만 늪지대에서 작물을 키우기란 여간 어려운 것이 아니에요. 그래서 아즈텍족은 치남파라 불리는 인공 밭을 만들었습니다. 호수 늪지대의 밑바닥에서부터 흙을 쌓아 올려서 인공 밭을 만든 뒤 버들가지로 둘레를 고정해 옥수수나 콩 등을 경작한 것이지요. 일종의 수경 재배를 한 거예요. 밭과 밭 사이를 오갈 때는 일종의 카누를 타고 이동했고요. 아즈텍족은 그렇게 호수 위에 만든 밭을 일구어 먹고살았습니다. 그런 노력에 힘입어 테노치티틀란은 20만 명에 이르는 인구를 가진 거대한 운하 도시로 발전해 갔습니다.

또한 주변에 있는 도시 국가 텍스코코, 틀라코판과 함께 세 도시 연맹, 즉 삼각 동맹을 만들어서 주변 부족들을 복속시켜 갔지요. 그래서 전성기에는 오늘날의 과테말라와 엘살바도르, 온두라스, 벨리스를 지나 저 너머 중앙아메리카의 니카라과까지 뻗은 거대한 제국으로 발돋움했습니다. 연구에 따르면 아즈텍 제국의 인구가 많을 때는 2000만 명에 달했다고 해요. 텍스코코 호수에 도착한 뒤 불과 200년 만의 일이지요.

한때 서구 학자들 사이에서는 아즈텍이 과연 제국인가 아닌가를 두고 논쟁이 일었던 적이 있어요. 일단 아즈텍은 하나의 독자적인 나라가 아니라, 세 도시 국가의 동맹 형태였어요. 이 삼각 동맹이 공물을 헌납받는 관계를 맺는 식으로 제국의 영토를 확장한 것이지요. 물론 삼각 동맹의 중심 역시 테노치티틀란이었어요. 거대한 지역에서 거두어들인 공물을 고루 분배하기는 했지만 가장 값지고 중요한 것들은 모두 테노치티틀란의 차지였지요. 학자들은 삼각 동맹과 이들의 점령 지역이 단순히 공물만 바치고 받는 관계였다면 아즈텍을 제국으로 볼 수 있을까 고민했어요. 실제로 제국의 중심부가 주변을 확실하게 통치한 것인지에 의문이 들었던 거예요.

또 아즈텍 제국은 아주 거대한 지역을 통치하긴 했지만 그 통치 방식이 조금 독특했어요. 역사에 기록된 유명한 제국들과 달리, 아즈텍은 일단 어느 지역을 복속시키고 나면 그 지역에 아주 소수의 군사만을 남기고 철수하는 방식으로 느슨하게 통치했습니다. 이런 이유들로 아즈텍을 제국으로 정의하는 데에 논란이 일었습니다.

하지만 아즈텍에 대한 연구가 진전되면서, 이제는 거의 모든 학자가 아즈텍을 제국으로 보는 데 큰 이견이 없습니다. 단순히 공물만 바치는 관계가 아니라 제국으로서의 지배력을 뻗치고 있었다는 것이 속속 확인되었기 때문이에요. 또 소수의 군사만 남기는 방식은 아즈텍만의 아주 효율적인 통치 시스템으로 보고 있어요. 반란이 일어나거나 또 다른 정복 사업을 할 때만 군대를 동원하고 평상시에는 움직이지 않도록 해서 제국을 운영하는 비용을 크게 줄인 것이지요.

한편 아즈텍 제국은 건축술이 발달했다고 해요. 제국의 중심지인 테노치티틀란은 정치적, 종교적 중심지였기 때문에 웅장한 사원과 궁궐이 있었다고 하지요. 안타깝게도 그 건물들은 제국이 멸망한 뒤에 모두 사라져 지금은 하나도 남아 있지 않아요. 앞에서 잠깐 언급했듯이 이교도의 대사원이라는 이유로 스페인 사람들이 모두 파괴해 버리고는 그 잔해로 가톨릭 대성당과 식민지 부왕의 궁을 지었거든요(최근 아즈텍의 대사원 일부가 멕시코 지하철 공사 중에 발견되었습니다. 그 후 부분적으로 복원해서 관광지로 활용하고 있지요).

다만 기록에 아즈텍 제국의 화려한 시절에 대한 이야기가 남아 있어 제국의 건축물들을 짐작해 볼 수 있어요. 정복자 코르테스는 테노치티틀란을 본 후, 1520년에 스페인 국왕 카를로스 1세에게 테노치티틀란은 당대의 이름난 도시였던 세비야와 비슷하다고 보고한 적이 있습니다.

> "(테노치티틀란이라는) 이 도시는 세비야나 코르도바처럼 크며, 주요 도로는 아주 넓고 곧게 뻗어 있습니다. 그중 몇몇을 제외한 나머지의 절반은 육로이고, 절반은 수로로 되어 있는데, 수로의 경우에는 카누를 타고 다닙니다."[2]

"많은 사원들 중에는 전체의 중심이 되는 사원이 하나 있는데, 그 웅대함이나 아름다움을 말로 표현하기란 정말 어렵습니다. 무척 높은 벽으로 둘러싸인 경내는 500명 규모의 마을이 들어설 수 있을 정도입니다."[3]

아즈텍 제국의 프로메테우스

아즈텍 제국에는 아주 독특한 세계관도 있었어요. 아즈텍족은 앞서 설명한 것처럼 자신들이 제5의 태양의 시대를 살고 있다고 생각했어요. 아즈텍에서 만든 달력 유물에서 커다란 원 한가운데에 혓바닥을 길게 내밀고 있는 다섯 번째 태양신을 볼 수 있답니다.

이 세계관은 독특한 의식도 만들어 냈습니다. 바로 인신 공양 의식

아즈텍 사람들의 세계관을 보여주는 달력

아즈텍의 신 케찰코아틀을 표현한 그림

이지요. 아즈텍 제국 하면 이 의식을 먼저 떠올리는 사람들이 많을 정도로, 지금도 매우 유명합니다. 사람을 하늘에 제물로 바치는 의식은 아즈텍이 매우 잔인하고 호전적인 제국이라는 인상을 불러오지요. 실제로 아즈텍 사람들은 관례적으로 사람의 가슴을 흑요석으로 만든 칼로 갈라서 심장을 꺼내 신에게 바쳤어요. 피정복민 포로, 왕, 전사의 심장이 주로 바쳐졌지요. 하지만 이것이 그저 아즈텍 사람들이 잔인한 탓에 벌어진 일은 아니에요. 그보다는 아즈텍의 우주관과 좀 더 깊은 관계가 있습니다.

아즈텍 사람들은 신들이 불멸의 존재가 아니라고 생각했어요. 그래서 인간의 희생을 통해 우주를 재생시키고, 태양의 일상적인 운행을 도와야 한다고 생각했습니다. 그러지 않으면 자신들이 사는 제5의 태양도 곧 소멸할지 모른다며 두려워했지요. 우주의 사명을 완성하고 소멸을 막는 것이 인간인 자신들이 해야 할 일이라고 생각했어요. 아즈텍 사람들에게 다음날 해가 뜨는 것은 자연현상이 아니었어요. 자신들이 희생을 바쳤기 때문에 일어나는 일이었지요. 이런 아즈텍의 우주관이 인신 공양 의식을 만들어 낸 것입니다.

어떤 학자들은 그것 또한 전부가 아니라고 해석합니다. 피정복민 중 전사나 왕 같은 위험한 인물들을 제거해서 제국의 안전을 꾀하려는 정치적 이유도 있었을 것이라고 짐작하지요. 또 인신 공양과 같은 자극적인 상황을 연출해서 왕의 지배력을 공고히 하려는 목적도 있었으리라 생각합니다.

또 아즈텍에는 독특한 신화와 전설이 많습니다. 아즈텍의 주식은 옥수수였는데, 이 옥수수와 관련한 재미있는 신화도 있어요. 마치 인간에게 불을 가져다준 그리스 신화의 프로메테우스처럼, 아즈텍족에게는 옥수수를 가져다준 소중한 신이 있어요. 바로 '케찰코아틀'이라는 신입니다. 케찰코아틀은 깃털 달린 뱀의 형상을 하고 있어요. 아즈텍 사람들은 이 깃털 달린 뱀이 인간이 살아가는 데 필요한 것들, 즉 주식인 옥수수부터 베 짜는 기술까지 많은 것을 전수해 주었다고 여겼지요. 농업과

🔎 코르테스를 케찰코아틀 신으로 착각했다고?

아즈텍족의 신화에 따르면, 케찰코아틀 신이 어느 날 거울을 보았는데 신이 아닌 인간의 얼굴을 하고 있는 자신의 모습을 발견하고 부끄러운 나머지 동쪽으로 가 버렸다고 해요. 가면서 나중에 다시 올 때는 하얀 깃털을 달고 와서 제5의 태양의 시대를 멸하리라, 하는 저주의 말을 남겼다고 하지요. 그래서 코르테스를 처음 만났을 때 아즈텍 사람들이 그 하얀 얼굴을 보고서 케찰코아틀이 돌아온 것으로 착각했다는 이야기도 전해져요. 감히 신에게 대적할 수 없다 보니 원주민들은 스페인 사람들의 침략에 적절히 대처하지 못했고, 그것이 아즈텍이 멸망한 이유 중 하나라는 설명이지요. 널리 알려진 이야기이긴 하지만 이것만으로 아즈텍의 몰락을 설명하기에는 무리가 있습니다. 설령 아즈텍 사람들에게 그런 종교관이 있었다 하더라도 당시에 정복자들의 위험성 또한 잘 알려졌을 테니 착각을 바로잡을 기회도 있었겠지요. 또 한 제국이 멸망하는 데에는 여러 요소가 복합적으로 작용하게 마련입니다. 아즈텍의 경우 원주민 종족들 간의 내분, 정복자들의 우월한 무기, 원주민들에게는 면역력이 없었던 병균(특히 천연두), 스페인 사람들이 수백 년간 전쟁을 벌이면서 쌓아 온 전쟁 전략과 기술 등 여러 요인이 작용했지요.

풍요의 신인 셈이에요.

이 신화를 보면 아즈텍 제국에서 뱀은 아주 신성한 동물로 여겨졌음을 알 수 있지요. 실제로 도읍이었던 테노치티틀란에 뱀이 많았던 것을 생각하면, 아즈텍족은 신화를 통해 뱀을 신성한 위치로 격상시킨 것이라고도 볼 수 있습니다. 뱀을 사특한 존재로 여기는 서구 기독교 사회와는 대조적입니다.

엄청난 석조물과 엄청난 인구, 그 엄청난 인구를 먹여 살린 옥수수, 독특한 세계관 등 아즈텍 제국에 관한 역사적 사실이 하나씩 밝혀질 때마다 학자들은 놀라워하며 기존의 이론을 수정하고 또 수정해 왔습니다. 그 작업은 지금도 계속되고 있지요.

안데스 고원을 호령한 잉카 제국

멕시코와 중앙아메리카에서 아즈텍 제국이 이름을 떨쳤다면, 남아메리카의 안데스 고원에서는 잉카 제국이 유명했어요. 13세기 무렵에 세워진 잉카 제국은 오늘날의 페루, 에콰도르, 콜롬비아, 칠레 북부 등 안데스 산맥이 발원하는 고원 지대에서 번성한 문명이에요. 잉카 제국의 전성기에는 아즈텍 제국과 비슷하게 약 2000만 명의 사람이 살았다고 전해지지요. 잉카는 스페인 정복자들이 도착하기 전까지 라틴아메리카 지역에서 가장 강력한 제국이었습니다.

사실 잉카라는 말은 스페인 사람들이 나중에 지은 이름이에요. 잉카

페루 쿠스코의 광장 전경

는 왕이라는 뜻인데, 왕을 부르는 말을 그대로 제국의 이름처럼 생각한
거예요. 잉카의 원주민 언어인 케추아어로는 원래 타완틴수유라고 불렸
습니다. 타완틴수유는 '사방', 즉 네 개의 지역을 일컫는다고 하지요. 실
제로 잉카가 지배한 지역이 크게 네 곳이었기 때문에 그렇게 불렸지요.

　　잉카 제국의 수도는 오늘날 페루의 쿠스코입니다. 쿠스코는 원주민
말로 '세계의 배꼽'이라는 뜻인데, 잉카인들은 우리 몸의 가운데에 배

꼽이 있듯 자신들이 세계의 중심에 있다고 생각한 거예요. 잉카 제국은 한때 광대한 지역을 다스렸는데, 오늘날의 에콰도르, 볼리비아, 아르헨티나 북서부, 칠레 중부, 콜롬비아 남부가 모두 잉카의 땅이었습니다.

잉카는 제국 곳곳에 교통과 통신망을 제대로 갖추고 있었는데 특히 뛰어난 도로가 유명했어요. 지역 어디에서든 수도 쿠스코로 통하는 '잉카의 길'을 만들었는데, 그 길을 모두 합하면 4만 킬로미터에 이른다고 하지요. 잉카의 길은 수레나 자동차가 다니는 용도가 결코 아니었어요. 잉카 제국에는 바퀴를 만드는 기술이 없었거든요. 말이 없었으니 말이 끄는 마차도 없었고요. '잉카의 길'은 오로지 사람들이 직접 걸어서 이동하기 위한 길이었습니다.

이 도로를 얼마나 효율적으로 만들었는지, 파발꾼들의 '이어달리기'만으로도 굉장히 빠른 전달 속도를 자랑했어요. 얼마나 빨랐냐면, 쿠스코와 가장 가까운 해안가에서 아침에 잡은 물고기가 고원 지대인 쿠

🌑 잉카의 매듭 문자, 키푸

잉카에서는 매듭을 꼬아서 만든 '키푸'라는 기록 수단을 사용했어요. 일종의 매듭 문자라고 할 수 있지요. 막대기나 끈에 여러 개의 매듭을 감은 실을 매다는 방식이었어요. 다양한 색깔로 물건이나 사람, 지역을 표시했는데 노란색은 금이나 옥수수, 흰색은 은, 붉은색은 병사, 갈색은 감자를 뜻하는 식이었어요. 그리고 매듭의 위치나 수로 1, 10 같은 숫자를 표시했어요. 키푸는 아직까지 그 의미가 모두 해독되지 않았는데, 학자들은 여기에 노래도 기록했을 것으로 추측하고 있습니다.

잉카 원주민들의 전통 춤을 재현하는 사람들

스코에 있는 왕의 저녁 밥상에 올랐다고 해요. 무려 210킬로미터나 되는 거리여서 오늘날에 차로도 한참 가야 하는 거리인데 말이에요! 파발꾼들이 모두 타고난 마라톤 선수였다고 해도 잘 닦은 길이 없었다면 불가능한 일이지요.

잉카 제국의 절정은 건축 기술이에요. 마추픽추의 석조 건물들은 지금까지 훼손되지 않고 남아 있어 잉카의 훌륭한 건축 기술을 잘 보여 주지요. 잉카의 건물에는 아주 특이한 점이 하나 있습니다. 엄청나게 큰 돌을 쌓아서 건물을 짓는데 이 돌을 네모반듯하게 만들어서 쌓는 것이 아니라 자연석 그대로, 부분적으로만 갈아서 끼워 맞추었어요. 마치 거대한 테트리스 게임 같다고 할까요?

어찌나 돌을 잘 갈아서 맞추었는지 크기가 서로 제각각인 돌을 쌓았는데도 그 사이에 빈틈이 전혀 없어요. 모르타르 같은 것을 넣어서 메운 것도 아닌데 예리한 칼조차 들어가지 않는다고 합니다. 몇 백 년 동안 무너지지 않고 그대로 유지될 정도로 튼튼하기도 하지요.

게다가 마추픽추 건축에 쓰인 돌이 무려 200여 톤이라고 해요. 마추픽추가 있는 지역이 마침 바위산이어서 멀리 가지 않고 그곳에서 돌을 캐어 다듬을 수 있었다지만, 그 많은 돌을 어떻게 일일이 다루었을까요? 마추픽추는 여전히 미스터리한 부분이 참 많아요.

농부여, 실 잣는 이여, 말 없는 목동이여!
수호자 과나코를 돌보는 이여!

돌을 짜맞추어 짓는 잉카의 전통 건축 기술을 보여 주는 쿠스코의 한 건물

위험한 발판을 딛는 석공이여!

안데스의 눈물을 긷는 자여!

손가락이 짓이겨진 보석공이여!

씨앗에 떠는 농부여!

눈물 짓는 도공이여!

그 옛날에 묻어 버린 그대들의 고통에

새로운 생명의 잔을 주려무나

그대들의 피, 그대들의 이랑을 보여 다오[4]

칠레의 시인 파블로 네루다가 쓴 「마추픽추의 산정에서」라는 시의
한 구절입니다. 이 거대한 도시를 건축하기 위해 애쓴 원주민들의 노고
가 조금은 느껴지지요?

마추픽추는 잉카의 후손들뿐만 아니라 라틴아메리카 전체의 자랑
거리예요. 원주민들이 이룩한 이 위대한 도시를 보면서 오늘날 라틴아
메리카 사람들은 자신들의 시작, 거대한 뿌리를 실감하곤 하지요.

부인할 수 없는, 그 무엇보다도 중요한 사실은 예전에 우리에게 아메
리카 전 대륙에서 글자 그대로 가장 강력한 지역 고유의 민족이 있었
다는 사실이다. 정복자들의 문명과 접촉하지도 않았고 성 안에 추억
속의 보물을 가득 담았던 그 민족이 말이다. 또한 그 주위의 훌륭한 경
치는 누구라도 그 유적을 둘러보는 소망을 불러일으키게 하는 이상적
인 배경을 제공한다.[5]

아르헨티나 출신 혁명가 체 게바라는 20대 젊은 시절, 마추픽추를
여행하면서 느낀 소감을 이렇게 일기에 적기도 했습니다. 라틴아메리
카 출신으로서 원주민들에 대한 강력한 동료애와 연대감, 자부심을 표
현하고 있지요.

수수께끼 같은 마야 문명

아즈텍과 잉카처럼 거대한 제국의 형태는 아니었지만 이들보다 훨씬 오래되고 세련된 문명이 하나 있습니다. 바로 마야 문명이에요. 최근 연구에 따르면 이 문명의 시작은 기원전 600년에서 기원전 400년 사이까지 거슬러 올라간다고 해요. 그리고 서기 250년에서 900년 사이에 크게 발전했다고 알려져 있지요. 그 후 마야족은 오늘날 멕시코의 유카탄반도 북부 쪽으로 이동해서 곳곳에 도시 국가를 세우며 두 번째 마야 문명을 이룩했습니다. 마야족은 아즈텍 제국에 수준 높은 문화를 전수해 주었어요. 아즈텍의 태양력이 대표적이지요.

유카탄반도 북쪽으로 이동한 뒤에 다시 번성했던 마야 문명은 스페인 사람들이 도착한 16세기까지 계속되고 있었어요. 다만 이미 문명이 쇠퇴기에 접어든 때였어요. 스페인 사람들은 마야 문명을 만나고 크게 놀랐는데, 사실 그들이 본 것은 마야 문명의 지극히 일부분일 뿐이었지요. 쇠락하던 마야 문명은 스페인 군대를 만나면서 아주 멸망하고 말았습니다. 코르테스가 많은 유산을 파괴하고 문서들을 불태우는 바람에 마야 문명의 실체를 알아내는 일이 무척 어려워졌지요. 지금까지 남아 있는 마야의 책은 고작 서너 권뿐입니다.

그런 어려움 속에서도 학자들이 밝혀낸 바에 따르면 마야 문명에서는 수학과 천문학이 크게 발달했습니다. 고대 그리스 로마 사회에도 없었던 0의 개념을 쓸 줄 알았고, 100만 년 후까지 정확히 계산할 수 있는 마야 역법을 썼지요. 오늘날처럼 1년을 365일로 나눈 태양력도 사용했다고 하지요. 글자도 있었어요. 문서는 불타고 없지만 건축물이나 석비에 새겨진 글자들이 남아 있어서, 이 문자를 해독하는 작업이 지금도 계속되고 있습니다. 마야의 유적이 발굴되던 초기에는 마야족이 평화로운 부족으로 여겨졌지만, 문자들을 해석할수록 그런 인상은 사라지고 있어요. 전쟁을 다룬 마야 벽화가 발견되면서 마야족도 전쟁을 자주 벌였다는 사실이 밝혀지고 있거든요.

마야의 건축물 중에는 피라미드도 있어요. 피라미드 하면 고대 이집트가 떠오르지요? 하지만 피라미드는 이집트에만 있는 것이 아니랍니다. 유카탄반도의 치첸이트사와 과테말라의 티칼 같은 고대 도시에는 마야족이 세운 피라미드가 고스란히 남아 있어요. 이집트에서 피라미드가 왕의 무덤으로 쓰인 반면에, 마야족에게 피라미드는 종교 행사를 벌여 사람들을 단합시키는 용도로 쓰였지요. 이집트와 달리 피라미드의 정상 부분을 평평하게 지은 이유가 그 때문이라고 하지요. 치첸이트사 피라미드에서 가장 흥미로운 점은 바로 그 자체가 하나의 커다란 달력이라는 것입니다. 피라미드의 각 면에 있는 계단은 총 91개인데, 정상에 있는 계단 한 개를 마저 더하면 모두 365개의 계단이 되거든요.

마야 문명에는 아직 풀어야 할 숙제가 많지만, 그중에서도 학자들이 궁금해서 못 견뎌하는 수수께끼가 하나 있어요. 이것 때문에 마야 문명은 신비로운 문명이라는 인상을 주지요. 그 수수께끼는 바로 이것이에요. 마야족은 왜 살던 도시를 버리고 다른 곳으로 옮겨 갔을까?

앞서 마야 문명을 이룬 사람들이 오늘날의 과테말라와 멕시코 국경

유카탄반도에 있는 마야의 고대 도시 욱스말의 유적. 예언자의 피라미드(위)와 통치자의 궁(아래)

지대에서 전성기를 이루다가 900년쯤에 유카탄반도 북쪽으로 이동했다고 했지요. 그런데 그 이동은 꽤나 갑작스러웠습니다. 보통 살던 곳을 버리고 떠날 때는 외부에서 침략을 받았거나, 화산 폭발이나 지진 같은 천재지변이 일어나서 더 이상 그곳에서 살 수 없을 때지요. 그런데 고전기 마야 문명에는 그런 흔적이 없어요. 누군가 침략했다고 보기엔 건물들이 모두 멀쩡한 채로 고스란히 남아 있거든요. 게다가 마야족이 이동한 곳은 깊은 정글 속이에요. 애써 이룩한 도시를 버려두고 더 험한 정글 속으로 한꺼번에 이동한 이유는 대체 무엇일까요?

정확히 밝혀진 것은 없지만 학자들이 몇 가지 추측하는 바는 있어요. 그중에서도 100년 가까운 긴 시간 동안 가뭄이 들어 농사짓기가 힘들어지자 먹고살기가 어려워져 이동했다는 가설이 최근 설득력을 얻고 있습니다. 오랜 가뭄으로 식수마저 말랐다면 기근과 전쟁이 일어나기도 쉬웠겠지요.

🐚 멕시코의 또 다른 문명, 테오티우아칸

멕시코 동남쪽에서 마야 문명이 절정을 이루던 시기에, 멕시코 중부 고원 지대에서는 테오티우아칸 문명이 절정을 이루고 있었습니다. 지금까지도 테오티우아칸이라는 거대한 도시 유적이 남아 있어요. 달의 피라미드, 해의 피라미드라고 불리는 두 개의 피라미드가 가장 대표적인 유적으로 손꼽히지요. 테오티우아칸에는 약 12만 명에서 20만 명의 인구가 살았을 것으로 추정되는데, 600년경 당시 세계에서 여섯 번째로 큰 도시였어요. 테오티우아칸 문명의 흔적을 통해 아즈텍과 잉카 이전에도 라틴아메리카에서 문명들이 계속 번창해 왔다는 것을 알 수 있습니다.

고대 도시 테오티우아칸의 유적. 비의 신 틀랄록(왼쪽)과 풍요의 신 케찰코아틀(오른쪽)의 조각상

엉뚱한 가설들

라틴아메리카의 원주민들은 그저 무지한 사람들일 것이라고만 생각했는데, 이들이 놀라운 건축 기술과 천문학과 수학을 가지고 있다는 것을 발견한 사람들은 깜짝 놀랄 수밖에 없었어요. 더욱 놀라운 것은 이 세 문명에 흔히 인류 문명의 진보로 상징되는 세 가지가 없다는 사실이에요. 바로 바퀴, 도르래, 철기입니다. 라틴아메리카에서는 이런 도구들의 힘을 빌리지 않고도 거대한 건축물을 짓고 문명을 이룩한 것이지요.

게다가 이 대륙에는 말과 같은 덩치 큰 동물도 없었어요. 사람이 부릴 수 있는 가축이라고는 고작해야 야마 정도였지요. 그러니까 이들 문명은 온전히 사람의 손과 기술로만 이루어진 것입니다. 문명을 알면 알수록 학자들은 감탄을 금치 못했습니다.

초기에는 너무 놀란 나머지, 원주민들이 이런 엄청난 문명을 스스로 이룩했다는 것을 믿으려 들지 않았어요. 그래서 유럽에서는 이 문명들을 설명하는 엉뚱한 가설들이 마구 흘러나오기 시작했습니다.

신비의 대륙으로 전해지는 아틀란티스가 물에 잠길 때 그 대륙 사람 중 일부가 라틴아메리카로 건너간 것 같다는 가설부터, 고대에 유대인 일부가 이 대륙으로 이동해 문명을 건설한 것 같다는 가설도 등장했지요. 유대인 이야기는 피라미드를 세우는 것이나 태양을 숭배하는 관념이 고대 이집트와 비슷하다는 데서 나온 가설입니다. 하지만 피라미드나 태양 숭배가 이 두 지역에서만 발견되는 것은 아니라서 근거가 약했지요. 나중에 학자들은 이집트의 피라미드와 라틴아메리카의 피라미드 사이에는 어떠한 관계도 없다는 것을 밝혀냈답니다. 이런저런 가설들이 여의치 않자, 나중에는 아예 외계인이 문명을 세운 것이라는 허무맹랑한 가설까지 나왔어요.

라틴아메리카 원주민의 입장에서는 화가 날 법한 가설들입니다. 모두 원주민들을 어떻게든 열등한 사람으로 폄하하고 싶은 마음에서 나온 발상이니까요. 그들만의 능력으로는 이런 놀라운 문명을 이룩하기 어려웠으리라는 생각을 전제한 다음, 그렇다면 누가 그 문명을 이룩했는지를 찾은 셈이지요. 오늘날에는 이런 가설들을 진지하게 주장하는 사람은 거의 없습니다. 이 문명들은 라틴아메리카에 살던 원주민들이 하나씩 세워 나간 것이라는 사실에 의심의 여지가 없으니까요.

여보게들, 우시게나

이 화려한 문명들은 안타깝게도 스페인 사람들이 들어온 지 50여 년 만에 모두 속절없이 무너져 갔습니다. 1521년에 에르난 코르테스는 아즈텍의 마지막 왕 콰우테목의 항복을 받아 내지요. 1533년, 스페인 정복자 프란시스코 피사로는 잉카 제국의 마지막 황제인 아타우알파를 처형하고 제국의 수도인 쿠스코를 점령합니다. 가장 중요한 제국의 중심지들이 무너지면서, 정복은 사방으로 확대되었습니다. 마야 문명의 후예들이 거주하던 유카탄반도에서는 1542년까지도 원주민들이 저항을 이어 갔지만 역부족이었습니다. 스페인 사람들의 '신대륙' 정복은 대략 1560년대 즈음에 마무리되지요. 이때부터 라틴아메리카 곳곳은 스페인 왕실의 식민지로 전락하게 됩니다.

라틴아메리카의 위대한 문명들에 대해 알아 갈수록 왜 이런 거대하고 강력한 문명과 제국이 유럽에서 온, 몇 안 되는 사람들에게 그토록 쉽사리 무너져 버렸나 하는 의문이 가시지 않아요. 불과 몇 백 명밖에 되지 않는 정복자들에게, 많게는 수만 명에 이르는 아즈텍 제국이나 잉카 제국의 군대가 패배하고 말았다는 것이 믿기지 않지요. 피사로가 잉카의 왕 아타우알파를 생포했을 때 잉카군은 8만 명이나 되었지만, 스페인군은 고작 168명밖에 되지 않았습니다.

그 이유를 두고 여러 가지 연구가 이루어져 왔어요. 우선 스페인 사람들의 전쟁 무기가 훨씬 앞서 있었습니다. 이들에겐 총과 대포가 있었습니다. 원주민들로서는 멀리서도 사람을 쏘아 죽이는 첨단 무기로 무장한 이들과의 전쟁에서 이기기란 쉽지 않았어요.

"그들은 천둥벼락의 무기로 무장했고 그것들은 불길을 토해 냈다."[6]

어느 원주민은 코르테스가 가져온 무기들에 대해 이렇게 보고하기도 했어요. 원주민들의 무기는 활과 화살, 나무와 돌과 청동과 흑요석 따위로 만든 창이나 몽둥이 또는 칼이 전부였으니 유럽의 무기에서 느낀 두려움을 짐작할 수 있지요.

말도 중요했습니다. 정복자들은 배에 말을 태워 왔는데, 당시 라틴 아메리카에는 이렇게 크고 빠르게 달리는 짐승이 없었습니다. 이 대륙에서 기르는 가축이라고는 칠면조, 야마, 오리, 개 정도였지요. 원주민에게 말 달리는 소리는 마치 지축을 흔드는 소리처럼 들렸을 거예요. 그 공포감이란 우리가 지금 상상하는 것보다 훨씬 컸겠지요.

무기 못지않게 중요한 것은 전쟁하는 방법입니다. 스페인 사람들은 이베리아반도를 차지한 무어인들과 711년부터 1492년까지 무려 700년 넘게 전쟁을 벌였어요. 수백 년간 전쟁을 벌이면서 군사 전략과 전술을 연구했고, 전쟁 기술을 다양하게 연마해 왔습니다. 이에 반해 원주민들이 치러 온 전쟁은 상대를 굴복시켜 공물을 취하거나 적군을 포로로 잡아 신들에게 제물로 바치는 수준이었어요. 큰 희생을 치르지 않고 상대를 더 쉽게 굴복시키기 위해 원주민들은 공격할 때 적에게 미리 알려 주기도 했지요. 스페인 정복자들과는 전쟁의 목적과 방식이 전혀 달랐습니다.

게다가 스페인 정복자들에게는 그들조차 몰랐던 효과적인 '동맹군'이 있었습니다. 바로 질병이에요. 유럽인들이 옮긴 천연두 같은 질병은 이에 대한 내성이 없던 수많은 원주민의 목숨을 빼앗았습니다. 천연두는 원래 치사율이 매우 높은 병이지요. 스페인군이 아즈텍 제국의 수도 테노치티틀란을 공격했을 때도 이 도시에 천연두가 만연해서 원주민 병사들과 민간인들이 많이 죽었어요.

🌑 왜 스페인 사람들은 전염병에서 무사했을까?

신대륙 정복 과정에서 특이한 점은 스페인 사람들은 낯선 대륙에 와서도 전염병으로 크게 고생하지는 않았다는 거예요. 서로 낯설기는 마찬가지인데 한쪽만 전염병에 시달렸다는 것이 조금 흥미롭지요. 이에 대해 의학자들은 가축을 키우는 문화가 발달한 유럽 사람들이 상대적으로 병균에 대한 면역력이 강했으리라고 추측해요. 코르테스나 피사로가 이런 의학 지식을 갖고 있던 것은 아니었겠지요. 게다가 질병이 효과적인 정복의 무기가 될 것이라고는 꿈에도 생각하지 못했을 겁니다. 하지만 스페인 사람들이 '신대륙'에 가져간 가장 강력하고 파괴적인 무기는 아이러니하게도 말이나 총이 아닌 병균이었습니다.

마지막으로 원주민 제국이 빠르게 무너진 결정적인 이유가 하나 더 있습니다. 바로 내분이에요. 아즈텍과 잉카 제국 내부에는 왕족 간에, 그리고 서로 다른 부족 간에 분열이 있었어요. 아즈텍 제국과 코르테스의 군대가 테노치티틀란을 둘러싸고 최후의 결전을 벌일 때, 틀락스칼라인들처럼 아즈텍에 굴복하지 않고 있던 부족들이 코르테스 군대의 다수를 차지하고 있었지요. 잉카 제국도 왕위 쟁탈전으로 이미 왕족과 귀족이 분열되어 있었고요. 스페인 정복자들은 이런 분열을 잘 이용했어요. 일종의 '이이제이' 전략(오랑캐로 오랑캐를 치는 전략, 즉 원주민으로 원주민을 치는 전략)으로 제국을 무너뜨리지요. 이런 이유들로 코르테스는 아즈텍 제국을, 피사로는 잉카 제국을 정복할 수 있었습니다.

왕들이 처형되고 수도가 함락되면서 제국들은 급속도로 몰락의 길을 갔습니다. 잉카에서는 여러 차례 왕정복고 운동이 일었어요. 제국의 멸망에도 살아남은 일부 왕족들이 다시 모여 독립국을 세우고는, 왕족 중 한 명인 투팍 아마루 2세를 중심으로 옛 잉카 제국을 복원하려는 시도를 하기도 했지요. 하지만 그마저 실패로 돌아가면서 스페인의 식민지로 전락하는 운명을 피할 수 없었습니다.

여보게들, 우시게나.
이제 우리 멕시카 민족이
사라졌다는 것을 받아들이시게나.
물맛이 시어졌네, 음식 맛도 시어졌네.

이게 바로 우리에게 생명을 주신 분이 틀라텔롤코에서 하신 일이라네.[7]

아즈텍 제국이 무너진 뒤, 1523년 무렵 어느 나우아틀어 시인이 쓴 비가의 한 구절이에요. 짧은 글에 나라를 잃은 이들의 슬픔이 짙게 배어 있지요. 아즈텍 사람들이 믿었던 제5의 태양의 시대는 그렇게 끝나 버렸습니다.

문명 연구는 계속된다

다른 문명들과 달리, 라틴아메리카의 여러 문명에 대해서는 아직도 명확히 알려지지 않은 내용이 많아요. 고고학자와 인류학자 들에게는 어마어마한 숙제가 남아 있지요. 이들 문명은 워낙 사람이 쉽게 접근하기 힘든 곳에서 번성했던 데다, 그에 관한 기록이 자세히 남아 있지 않아서 많은 이의 호기심을 자극하고 있어요.

특히 마야는 정글 곳곳에 마치 게릴라처럼 도시를 건설했던 탓에 많은 궁금증을 자아냅니다. '잉카의 잃어버린 도시'라 불렸던 페루의 마추픽추만 해도 지금으로부터 불과 100여 년 전인 1911년에야 발굴이 시작되었어요. 히람 빙엄이라는 미국 학자가 그 발굴에 앞장섰지요. 마추픽추는 안데스 깊숙한 곳에 산으로 둘러싸인 채 있었기 때문에 사람들에게 그 존재를 들키지 않았던 거예요. 그 덕분에 잉카 제국의 유적

잉카 문명의 고대 도시, 마추픽추 전경

을 고스란히 간직한 채 세상에 나타났어요. 산림 속에 폐허로 남은 거대한 도시가 그 모습을 드러낸 순간, 전 세계 사람들이 느낀 경이로움이란 말로 설명하기 힘들 정도였지요.

마추픽추의 용도가 무엇인지에 대해서는 아직도 명확한 결론이 나지 않았어요. 잉카 왕의 여름 별장이라는 설부터, 신에게 제사를 지내기 위한 신전 도시라는 설, 이민족의 침입을 막기 위한 요새라는 설이 분분하지요.

아즈텍과 잉카, 마야를 비롯해 라틴아메리카에 존재했던 많은 제국과 문명에 대한 연구가 앞으로 계속된다면, 교과서에 세계 4대 문명만 쓰여 있지는 않을 거예요. 지금은 이집트 문명, 메소포타미아 문명, 황허 문명, 인더스 문명 등 유라시아의 문명들을 세계사 속 위대한 문명으로 꼽고 있지요. 아메리카 대륙의 문명은 쏙 빠져 있어요. 앞으로 연구가 계속된다면 우리는 세계 6대 문명, 혹은 7대 문명을 헤아리게 되겠지요. 다양한 문명을 알게 될수록 세상과 사람에 대한 우리의 이해도 깊어질 것입니다.

04 옥수수와 감자
전 세계를 구한 투박한 식탁

세상에 인간은 어떻게 생겨났을까요? '마야족의 성서'로 전해지는 책 『포폴 부』에는 이와 관련해 재미난 신화가 쓰여 있습니다. 신들은 하늘 과 땅을 만든 뒤에 다시 들짐승, 날짐승, 파충류를 만들었는데, 한 가지 아쉬운 점이 있었습니다. 사슴이나, 새, 사자, 호랑이 들은 도무지 신을 섬길 줄을 몰랐어요. 신들이 이 창조물들에게 "너희들의 아버지이며 어 머니인 우리 모두를 예찬하라." 하고 명령했지만, 이들은 신들의 이름 도 말하지 못한 채 그저 "와글대거나 찍찍대기만" 했지요.[8]

이대로는 안되겠다고 생각한 신들은 인간을 만들기로 결정했습니 다. 처음에는 진흙을 빚어 만들어 보았어요. 그런데 진흙 인간들은 힘이 없어서 움직이지도 못하는 데다 신들의 말을 도통 알아듣지 못했어요. 게다가 물에 젖으면 금세 허물어졌지요. 안되겠다 생각한 신들은 이번에는 나무를 깎아 만들어 보았어요. 나무 인간은 진흙 인간보다 좀 나았습니다. 일단 모양부터 훨씬 인간다웠지요. 나무 인간들은 집도 짓고 아들딸도 낳아 잘 사는 것 같았어요. 그런데 여전히 무언가 모자랐어요. 영혼이 없고, 피와 살도 없었지요. 결정적으로 신을 숭배하기는커녕 누가 자신들을 창조해 주었는지조차 금세 잊어버렸습니다.

두 번이나 실패한 신들은 고심을 거듭했습니다. 그리고 마지막으로 옥수수로 인간을 만들어 보기로 했지요. 옥수수 반죽으로는 살을, 옥수수 음료로는 피를 만들어 옥수수 인간을 빚었어요. 이번에는 성공했을까요? 성공이었습니다. 옥수수 인간들은 진흙 인간이나 나무 인간보다 훨씬 인간다웠고, 신을 숭배할 줄도 알았습니다. 신들은 이 옥수수 인간들을 무척 만족스러워했다고 전해지지요. 중남미 사람들은 신이 옥수수 낟알 속에 깃들어 있다고 생각하며 지금도 옥수수를 신성하게 생각하고 있어요.

그런데 하고많은 작물 중 왜 하필 옥수수일까요? 이 신화는 중남미 지역에서 옥수수가 차지하고 있는 위치를 말해 주고 있어요. 중남미에서 옥수수는 감자와 함께 가장 중요한 주식이에요. 서양이나 아시아에서 밀과 쌀이 갖고 있는 위치와 비슷합니다. 애초에 옥수수를 먹을 수 있도록 꾸준히 개량해 온 주역이 바로 이곳 중남미 사람들이기도 하지요. 중남미가 옥수수의 고향, 원산지거든요.

멕시코시티에 있는 인류학박물관에 소장된 벽화.
옥수수를 인간처럼 묘사한 모습을 볼 수 있다.

옥수수는 딱히 사람이 씨를 뿌리지 않아도 어디선가 저절로 자라날 것만 같은 느낌이 들지요. 실제로 시골 농가에 가 보아도 옥수수를 벼나 딸기 같은 다른 작물처럼 정성스레 경작하는 모습은 보기 힘들어요. 밭 한쪽의 남는 땅에 울타리 삼아 심어 두면 큰 힘을 들이지 않아도 알아서 쑥쑥 자라거든요.

하지만 처음부터 그렇지는 않았습니다. 옥수수는 사람이 직접 씨를 뿌리기 전에는 결코 큰 수확을 올릴 수 없는 작물이었어요. 옥수수 씨앗은 옥수수 이삭에 붙어 있는 낟알인데, 잎으로 뒤덮여 있어서 사람이 직접 파종해야 했지요. 야생에서 저절로 자라기도 하지만, 그럴 경우 수확할 수 있는 양이 굉장히 적었어요. 사람들을 충분히 먹여 살릴 수 있을 만큼 풍성하게 자라게 하려면 반드시 일부러 경작을 해야 했습니다. 그러니까 아주 오래전 라틴아메리카에 살던 어느 창의적인 사람이 옥수수 낟알을 보고 '저것을 땅에 심으면 어떻게 될까?' 하고 궁리하다가 실행에 옮긴 덕분에, 지금 전 세계에서 이 맛있는 간식을 즐길 수 있게 된 셈이지요.

자기도 모르는 사이에 후대 사람들에게 맛난 음식을 선물해 준 이는 중남미 어느 지역 사람이었을까요? 멕시코 사람들의 조상일 가능성이 높아요. 그에 관한 증거가 얼마 전 멕시코의 수도에서 발견되었거든요. 멕시코에는 푸에블라주와 오악사카주 사이에 테우아칸이라는 계곡이 있어요. 그 계곡 근처 마을에서 '테오신트'라는 야생 식물이 발견되었는데 이것이 현대 옥수수의 조상일 가능성이 매우 높다고 하지요. 지금도 그곳 사람들은 테오신트를 '옥수수의 어머니'라고 불러요. 고고학자들은 이 옥수수 화석을 지금으로부터 약 9000년 전의 것으로 추측해요.

　테오신트는 오늘날의 옥수수와는 많이 다르게 생겼어요. 크기도 훨씬 작고 알갱이 수도 더 적지요. 옥수수라기보다 야생풀에 가까워서 겉모습만 보아서는 옥수수와의 관계를 짐작하기 힘들 정도예요. 학자들은 아메리카 원주민들이 테오신트라는 야생풀을 계속 개량해 가면서 재배했고, 2000~3000년 전부터 오늘날과 같은 옥수수의 모습으로 길러 냈을 것으로 추측합니다.

　그렇게 개량해 간 옥수수는 주식으로서 쌀이나 밀에 비해 월등히 나았습니다. 그래서 이 대륙에 처음 도착한 스페인 사람들이 깜짝 놀라기도 했지요.

　아메리카 원주민들이 만든 기적의 곡식. 옥수수가 아니었다면 유럽 사람들이 오기 전 이곳에 거주하고 있던 2000만 명에 가까운 인구에게 영양을 공급할 식량이 없었을 것이다.

　16세기에 라틴아메리카 대륙을 방문했던 스페인 선교사 후안 카르데나스는 1591년에 펴낸 책『원주민들의 여러 문제와 놀랄 만한 비밀들에 대해』에서 옥수수를 두고 이렇게 예찬했어요. 카르데나스뿐만 아니라 스페인 사람들은 이 대륙에 식량이 풍부하다는 것에 놀라워했어요. 원주민들은 아주 원시적인 농기구로 농사를 짓고 있었는데도 굶주리는 사람이 별로 없었거든요. 자세히 살펴보니 순전히 옥수수 덕분이었어요. 옥수수 농사는 벼농사나 밀농사에 비해 들이는 노동이 적은데도, 수확량은 훨씬 더 많아요. 그래서 원주민들의 식량 걱정을 크게 덜어 주었지요.

식민지 초기에 후안 카르데나스가 옥수수를 두고 '기적의 곡식'이라고 간단하게 묘사했다면, 훗날 페르낭 브로델이라는 역사학자는 이런 표현으로 그 기적의 의미를 더욱 구체적으로 설명했습니다.

옥수수가 없었다면, 마야나 아즈텍의 거대한 피라미드도, 쿠스코의 성벽도, 마추픽추의 인상적이고 놀라운 건축물도 없었을 것이다.

페르낭 브로델은 아즈텍 문명이 건설되는 바탕에 이 옥수수가 있다고 보았어요. 단지 옥수수가 이들의 주식이었기 때문만은 아닙니다. 앞서 말했듯이 아즈텍 제국은 바퀴도 철기도 없던 곳이라 순전히 사람의 힘으로만 일해야 했는데, 옥수수 덕분에 많은 사람에게 충분한 영양을 공급할 수 있었다는 뜻이지요. 또 옥수수는 사람들에게 문명을 건설할 수 있는 시간도 주었습니다. 고고학자들은 옥수수를 재배하는 데 일 년에 겨우 50일 정도만 필요했으리라고 추측해요. 옥수수는 아주 빨리 자라는 데다 씨앗 하나로 수백 배의 수확을 얻을 수 있기 때문이에요. 심지어 옥수수는 익기 전에도 먹을 수 있어요. 맛이 썩 좋지는 않겠지만 적어도 보릿고개 같은, 먹을 것이 극도로 부족한 시기는 생기지 않았지요. 브로델은 옥수수를 주식으로 하는 사회에서는 시간 여유가 생기기 때문에 그 남는 시간을 활용해 문명을 건설할 수 있었다고 생각했습니다. 옥수수의 저력을 실감할 수 있는 추론이지요.

토르티야에 숨은 지혜

중남미 사람들은 옥수수를 어떻게 먹을까요? 옥수수로 차리는 매일의 식탁에서 가장 기본적인 요리는 부침개나 전병처럼 둥글게 빚어 구운 토르티야예요. 토르티야를 만드는 전통적인 방식은 이렇습니다. 일단 옥수수를 삶은 뒤 알갱이만 떼어 내 맷돌로 갈아요. 그런 뒤 둥글넓적하게 빚어 화덕에 굽지요. 요즘도 시골 마을에 가면 마당에 큰 화덕이 있는 집을 종종 볼 수 있어요.

중남미 사람들은 보통 토르티야에 고기나 야채를 넣어 싸 먹는데, 이것을 타코라고 해요. 누군가 선인장을 썰어 소금을 약간 친 뒤에 토르티야에 싸 먹은 것이 타코의 시작이라고 전해지지요. 토르티야와 타코는 중남미의 가장 대표적인 옥수수 음식이에요. 길거리에서부터 고급 레스토랑까지 팔지 않는 식당이 없지요.

전통적인 토르티야 조리 과정에는 원주민들의 지혜가 담겨 있어요. 원주민들은 옥수수를 삶을 때 석회 가루를 사용했어요. 조개껍질을 갈아서 만든 생석회나 나뭇재를 푼 물에 옥수수 알갱이를 담가 두었다가

멕시코 시골 마을의 식사 풍경. 토르티야를 굽는 화덕을 볼 수 있다.

조리했지요. 그렇게 하면 석회가 옥수수 껍질을 벗겨지게 해서 순수한 낟알만 남게 됩니다. 그럼 맷돌로 갈기가 훨씬 쉬워지지요.

그런데 나중에 과학자들이 살펴보니, 이 과정에 더욱 놀라운 비밀이 숨어 있었어요. 옥수수를 석회와 섞으면 '니아신(비타민 B군의 하나)'이라는 성분이 강화된다고 해요. 그래서 옥수수만 먹더라도 비타민 B 결핍 증세가 나타나지 않도록 해 주지요. 비타민 B가 결핍되면 펠라그라라는 무서운 병에 걸릴 수 있는데 원주민들은 슬기롭게 그것을 예방한 셈이에요. 하지만 훗날 옥수수가 유럽으로 수출되면서, 옥수수를 주식으로 삼은 남유럽의 가난한 농촌에서 18세기에 펠라그라가 크게 유행하여 많은 사람이 목숨을 잃기도 했어요. 미국에서는 20세기 초까지도 펠라그라로 고통받은 이들이 있었습니다. 너무 가난해서 먹을 것이 옥수수밖에 없던 사람들에게 찾아온 불행이지요. 옥수수가 유럽에 전파될 때 원주민들의 지혜가 함께 전파되지 못한 탓이지요.

원주민들은 옥수수를 그냥 먹기만 한 것이 아니라 다양한 방식으로 활용했어요. 이들에게 옥수수는 공예품이자 약이었지요. 옥수수 이삭 끝에 난 털에서 즙을 내어 이뇨제를 만들기도 했고, 옥수수 줄기로 가방이나 도자기를 만들기도 했어요. 원주민들에게 옥수수는 그야말로 버릴 것이 하나도 없는 작물입니다.

이런 기적의 곡식 옥수수가 서양에 소개된 것은 콜럼버스가 이 대륙에 도착한 이후의 일입니다. 본국으로 돌아간 스페인과 포르투갈 사람들이 옥수수를 가져가 전파하면서 유럽에 이 신기한 작물이 알려지기 시작했지요. 처음 소개되었을 때는 이색적인 모습 때문에 사람들이 먹기를 꺼렸어요. 오랫동안 사람의 음식이 아닌 가축의 사료로 썼지요. 하지만 당시 유럽의 주식인 밀에 비해 재배하기도 쉽고 수확량도 많았기 때문에 옥수수는 서서히 유럽인의 식탁 위에 오르기 시작했어요. 게다가 밀이나 호밀, 보리 같은 전통 작물들이 겨울이나 봄에 재배되는 반면에, 옥수수는 여름 작물이어서 부족한 식량을 보전하는 데 큰 도움이 되었습니다.

이탈리아의 베네치아에서는 만성 기근에 시달리던 15~16세기에 옥수수가 주요 구황 작물로 자리 잡았어요. 그리고 18세기 이후에는 알프스 이남 지역에서 광범위하게 재배되면서 이 지역 사람들을 굶주림에서 구해 주었지요. 20세기에 벌어진 두 차례의 세계 대전에서도 전쟁

옥수수 이파리로 만든 전통 공예품

터에 나간 군인들의 군량미로 긴요하게 쓰였지요. 옥수수의 기적은 유럽에서도 계속되었습니다.

감자, 안데스의 선물

유럽에서 구황 작물로 크게 활약한 중남미 작물이 하나 더 있어요. 바로 감자예요. 감자 역시 라틴아메리카가 원산지지요. 감자는 어디에서나 잘 자라기 때문에 원산지가 따로 없을 거라고 생각하는 사람들이 많을 거예요. 실제로 감자는 옥수수처럼 강수량이나 일조량에 크게 구애받지 않고 아프리카부터 북극까지 다양한 지역에서 잘 자랍니다. 하지만 감자에게도 엄연히 고향은 있는데, 바로 페루 남부의 안데스 고원 지대입니다. 감자는 해발 2000미터가 넘는 곳에서 주로 자라는데, 3500미터가 넘는 곳까지도 재배가 가능해요. 안데스 고원 지대에 원주민들이 많이 살고 있는 이유도 감자 덕분이지요.

페루는 원산지답게 정말 다양한 품종의 감자가 재배됩니다. 노란색, 보라색, 갈색 등 색깔도 다채로울 뿐만 아니라 모양도 길쭉한 것부터 올록볼록한 것까지 천차만별이에요. 페루의 수도 리마에는 국제감자센터가 있는데, 이 센터에 따르면 페루는 4000여 종의 감자 품종을 보유하고 있다고 해요. 세계에서 가장 많이 갖고 있지요.

어디서나 잘 자라는 기특한 감자지만, 한 가지 단점이 있어요. 바로 오래 저장하기가 곤란하다는 거예요. 감자는 상온에 며칠만 놔두어도 금세 싹이 트거나 곰팡이가 피어서 먹을 수 없게 되지요. 상한 감자나 썩은 감자를 먹으면 배탈이 나는 정도가 아니라 특유의 독성 때문에 아주 위험해지지요. 지금이야 냉장고에 넣어 두면 된다지만, 냉장고가 없던 시절에는 감자를 저장하는 것이 무척 까다로웠습니다.

그런데 안데스에는 지금까지 내려오는 놀라운 감자 저장법이 있어요. 감자의 저장 문제를 해결하기 위해 안데스에 살던 잉카인들은 한 가지 묘안을 짜냈어요. 감자는 80퍼센트가 수분으로 이루어져 있어서 쉽게 물러지는데, 그런 약점을 역으로 이용한 방법이지요. 잉카인들은 일단 감자를 수확하고 나면 추운 밤에 바깥에 내놓아서 서리를 맞혔습니다. 감자가 얼면 다음날에 햇볕이 드는 양지에 펼쳐 놓고 수분을 말렸어요. 이를 몇 번 반복하면 감자에서 수분이 빠지면서 가벼워지고 부피도 줄어들어요. 독성과 쓴맛도 없어지지요. 그렇게 만든 것을 '추뇨'라고 하는데, 일단 추뇨를 한번 만들어 두면 자그마치 10년 동안이나 상하는 일 없이 보관할 수 있다고 해요. 일종의 동결 건조 식품이 되는 것이지요. 창고마다 추뇨를 쌓아 두고 있었기 때문에 잉카 제국에는 기근이 거의 없었다고 합니다.

스페인이 중남미를 점령한 후, 다른 진귀한 물건들과 마찬가지로 감자도 유럽에 소개되었습니다. 그런데 옥수수와 달리, 감자는 유럽 사회에 뿌리 내리기까지 꽤나 긴 시간이 걸렸어요. 유럽인들이 보기에 감자가 너무 못생겼기 때문입니다.

못생긴 감자의 반전

사실 감자는 울퉁불퉁한 것이, 처음 보는 사람에게 호감을 불러일으키는 형상이 아니긴 해요. 겉은 거칠거칠한 데다가 여기저기 홈이 파여 있지요. 게다가 감자는 땅속에서 자라는 뿌리줄기 식물로, 파내 보면 길게 뻗은 뿌리에 크고 작은 알이 줄줄이 달려 있어요. 이를 처음 본 유럽 사람들은 선뜻 감자를 입에 넣지 못했어요. 1869년에 존 러스킨이라는 학자는 감자를 두고 "마귀를 섬기는 부족의 불경한 땅속 식물"[9]이라고 혹평했지요.

감자를 탐탁지 않게 여긴 흔적은 유럽의 속담이나 속어에도 남아 있어요. 어딜 가든 포테이토칩을 즐기면서도 미국에서는 얼간이라는 뜻으로 '감자 대가리'(potato head)라는 말을 쓰기도 해요. 또 프랑스인들은 게으름뱅이를 일컬을 때 '감자로 된 피'라고 부르기도 하고 일에 서툰 사람을 '감자 자루가 춤추는 꼴'이라고 표현하기도 하지요.[10] 지금까지도 이런 표현이 남아 있을 만큼 감자에 대한 유럽 사람들의 거부감은 오랫동안 계속되었어요. 감자를 먹기는커녕 만지는 것조차 꺼릴 정도였지요.

그런데 이런 평판을 뒤집을 반전의 계기가 찾아옵니다. 1744년에 대흉년으로 프로이센에서 수많은 사람이 굶어 죽을 때였어요. 프로이센의 황제였던 프리드리히 2세는 과감한 결단을 내려요. 감자를 널리 재배해서 구황 식물로 먹으라고 지시한 겁니다. 신하들의 반대를 무릅쓰고 곳곳에 감자를 재배하게 했고, 그 덕분에 프로이센 국민들은 기근에서 벗어날 수 있었어요. 감자의 능력은 이후 프로이센이 신성 로마 제국과의 전쟁에서 승리하면서 전 유럽에 알려지기 시작했습니다.

유럽에서 감자와 가장 친한 나라는 아일랜드예요. 아일랜드는 감자를 재배하기에 좋은 토양이기도 했지만 무엇보다 빈곤한 이들이 많아서 감자가 많이 재배되었습니다. 감자를 빼면 먹을 게 거의 없었던 탓에, "큰 감자와 함께 먹는 작은 감자가 빈자의 반찬"이라는 서글픈 유행어가 나돌기도 했어요. 감자 외엔 올릴 것이 없는 가난한 이들의 식탁을 떠올리게 하는 표현이지요.

아일랜드뿐 아니라 유럽 여러 나라에서 감자는 오랫동안 가난한 사람들의 소중한 식량이었습니다. 영국에서 산업 혁명이 일어나 농촌에 살던 많은 이들이 일자리를 찾아 도시로 왔을 때 이들을 먹여 살린 것은 다름 아닌 감자였어요. 미국에 청교도들이 도착했을 때 척박한 개척 생활 중인 이들의 식탁을 채운 것도 감자였지요. 감자는 유럽에서 인도와 중국을 거쳐 약 150년 전에 우리나라에 들어왔는데, 우리나라에서도 구황 작물로 요긴하게 쓰였어요. 그리고 20세기에 햄버거와 함께 프렌치프라이가 만들어지면서, 마침내 감자는 많은 나라 사람들을 사로잡는 매력적인 음식이 되었습니다.

옥수수와 감자가 라틴아메리카에서 유럽으로 전파되지 않았더라면 어땠을까요? 영국의 산업 혁명에서, 세계 대전의 소용돌이에서 사람들은 어떻게 생존할 수 있었을까요? 상상만으로도 이 두 작물은 중남미가 세계에 준 근사한 선물임을 알 수 있습니다.

05

초콜릿

아메리카가 선물한
달콤한 디저트

라틴아메리카 대륙은 우리에게 옥수수와 감자 외에 아주 달콤한 디저트까지 선사해 주었어요. 바로 초콜릿이지요.

초콜릿의 원료는 카카오나무의 열매인 카카오 콩입니다. 그런데 카카오나무는 앞서 언급한 옥수수에 비하면 재배하기가 무척 까다로워요. 일단 아무데서나 자라지 않아요. 이 나무는 꼭 위도 20도 이내, 해발 300미터 아래쪽에서만 자란다고 해요. 또 큰 나무가 곁에 있어서 시원한 그늘을 드리워 주어야 하고, 항상 섭씨 16도 이상의 온도가 유지되어야 합니다. 병충해에는 어찌나 약한지, 툭하면 병충해 때문에 농장 전체의 나무가 말라 죽는다고 하지요. 자라는 조건이 까다롭다 보니 어지간

한 나라에서는 카카오나무를 키울 수가 없어요. 그런 카카오나무가 예부터 잘 자라던 곳이 바로 라틴아메리카의 열대 지역입니다.

아즈텍 제국의 카카오 음료

라틴아메리카 지역에서는 오래전부터 카카오나무가 자랐습니다. 마야족이나 아즈텍족이 카카오를 재배했지요. 오래된 마야의 화병 같은 유물에서 카카오의 흔적이 종종 발견되곤 해요. 애초에 카카오라는 말이 '카카우아틀'이라는 아즈텍족의 말에서 왔지요. 초콜릿이라는 말의 어원 역시 아즈텍족이 쓰던 '쇼콜라틀'이라고 합니다.

아즈텍 제국에서 카카오 콩은 아주 귀한 대접을 받았어요. 그저 음식이 아니라 화폐로 쓰일 정도였지요. 아즈텍 제국에서는 세금이나 조공도 카카오 콩으로 받았어요. 1545년에 쓰인 자료에 따르면 카카오 콩의 가치는 대략 이러했습니다.

수컷 칠면조는 카카오 콩 120알,
산토끼는 카카오 콩 100알,
방금 수확한 아보카도 한 개는 카카오 콩 3알,
큰 토마토 한 개는 카카오 콩 한 알.[11]

카카오 콩의 개수를 하나하나 세서 가치를 매겼네요. 가격이 꽤 섬세하지요? 토마토나 아보카도를 보면 카카오 콩의 가치를 얼추 짐작해 볼 수도 있습니다.

학자들은 아즈텍 유물에서 '위조 화폐'의 흔적도 발견했어요. 진흙을 뭉쳐서 카카오 콩 모양으로 정교하게 빚은 뒤 진짜 카카오 콩 사이에 슬쩍 섞으면 감쪽같았다고 하지요. 이 진흙 카카오 콩은 세계 최초의 위조 화폐일 거예요. 위조 화폐의 존재는 거꾸로 당시 사회에서 카카오 콩의 가치를 잘 말해 줍니다. 쉽게 구할 수 있다면 굳이 힘들게 위조하는 사람은 없을 테니까요. 먹으면 없어질 음식을 위조하는 사람도 없겠지요.

마야 문명에서도 카카오 열매는 귀한 대접을 받았어요. 결혼식 같은 중요한 의례에 동원되곤 했지요. 식민지 초기에 어느 유럽인이 오늘날 멕시코의 치아파스 지역에 사는 마야족의 결혼식을 관찰한 뒤 이런 기록을 남기기도 했습니다.

결혼식은 다음과 같다. 신부는 신랑에게 색색으로 칠해진 작은 의자와 카카오 다섯 알을 주면서 "당신을 남편으로 받아들이는 증표로서 이 물건을 드립니다."라고 말한다. 그리고 신랑 쪽도 신부에게 몇 벌의 새 치마와 카카오 다섯 알을 주면서 같은 말을 한다.[12]

지금의 우리 같으면 금이나 은으로 만든 반지로 사랑의 서약을 할 텐데, 마야족은 카카오 콩으로 그것을 대신하고 있지요.

돈부터 사랑의 증표까지, 카카오 콩은 다양한 용도로 쓰였지만 그렇다 해도 가장 중요한 역할은 역시 음식이었습니다. 당시 카카오로 만든 음식은 음료, 즉 액체 음식이었어요. 우리에게는 네모난 판 모양이나 원형으로 만들어진 고체 초콜릿이 익숙하지만, 이렇게 먹게 된 것은 아주 최근의 일이에요. 초콜릿을 고체로 가공하려면 굉장히 많은 기술이 필요하지요. 19세기까지만 해도 초콜릿은 음료로만 먹을 수 있었습니다.

마야 사람들이 카카오 음료를 만드는 방법은 이러했어요. 일단 카카오 콩을 절구에 넣어 빻아서 가루로 만듭니다. 그런 뒤 잘 펴서 껍질을 골라내고는 가루만 모아서 물을 천천히 부어요. 그다음 공기가 잘 들어갈 수 있도록 여과기로 걸러 낸 뒤 용기를 바꿔 가면서 옮겨 담기를 반복해요. 그러면 풍성한 거품이 만들어지는데 그 거품은 걷어 낸 다음에 다시 물을 부어서 마십니다. 뜨거운 물을 붓기도 하고, 찬물을 붓기도 했어요. 기호에 따라 옥수수 가루나 고추 같은 향신료를 섞어 마시기도 했지요. 이 방식은 20세기에 초콜릿 제조법이 발달하기 전까지 수백 년 동안 이어져 왔습니다.

만들기까지 꽤 손이 많이 가는 데다 돈으로 쓰일 만큼 귀하기도 해서 아즈텍 제국에서 왕들은 진하게 만들어 황금 잔에 담아 마셨지만, 일반 사람들은 초콜릿 향만 살짝 나는 음료를 마셨다고 해요.

재미있게도 마야 문명에서는 '인스턴트' 초콜릿을 만들기도 했다고 전해져요. 초콜릿을 멀리 가져갈 일이 있을 때에는 아예 덩어리로 굳혀 두었어요. 그러면 나중에 물을 타서 음료로 만들어 먹을 수 있었지요. 건조시켜 오래 저장했다가 나중에 물을 부어 먹는다는 점에서 오늘날의 인스턴트커피와 흡사하지요.

카카오 음료는 이 땅에 들어온 유럽 사람들을 통해 16세기 무렵, 서양에도 알려졌습니다.

콜럼버스의 아몬드

25명의 인디언들이 노를 젓는 커다란 배가 우리를 맞으러 왔다. 차양 아래 있던 인디언 추장이 우리에게 피륙과 구리로 된 아름다운 물건과 그들에게는 화폐로 쓰이는 아몬드를 선물했다. 인디언들은 아몬드로 만든 음료수를 우리에게 대접했다.[13]

유럽 사람 중 초콜릿을 가장 처음 맛본 사람은 어쩌면 탐험가 크리스토퍼 콜럼버스일지도 몰라요. 콜럼버스가 1502년 카리브 연안에 도착했을 때 항해 일지에 이런 기록을 남겼거든요. 하지만 카카오 콩을 처음 본 콜럼버스는 그게 무엇인지 몰랐습니다. 아몬드처럼 동글동글하니 그저 아몬드 비슷한 것인가 보다 했을 뿐이지요(이 항해 일지에 나오는 인디언은 아메리카 인디언을 말해요. 콜럼버스가 '신대륙'을 인도로 착각했고, 그 때문에 아메리카 원주민들이 인디언이라 불리게 된 것은 유명한 일화지요).

원주민들이 건네준 초콜릿 음료를 처음 마셨을 때만 해도 콜럼버스는 이 아몬드를 닮은 열매가 나중에 얼마나 대단한 콩이 되는지 짐작조차 하지 못했을 거예요. 하지만 적어도 이것이 원주민들에게 아주 귀한 것이라는 점만은 알고 있던 듯합니다. 항해를 함께했던 콜럼버스의 둘째 아들 페르난도가 이런 관찰기를 남겼거든요.

아몬드는 그들 사이에서 아주 고가의 물건인 듯했다. 나는 그들이 짐을 싣고 배에 올라탈 때 아몬드 알이 몇 개 떨어지자 마치 눈알이라도 떨어진 듯이 허리를 굽혀 모두들 그것을 집는 광경을 보았다.[14]

콜럼버스가 이 신기한 '아몬드'를 가져다 왕 페르난도 2세에게 바치긴 했지만 그 역시도 이 열매의 진가를 알아보지 못했어요. 콜럼버스의 '아몬드'는 작은 해프닝으로 끝났지요. 초콜릿의 본격적인 역사는 콜럼버스보다 나중에 라틴아메리카에 온 정복자 코르테스 일행에 의해 시작됩니다.

라틴아메리카 대륙에 도착한 뒤 코르테스 일행도 초콜릿 음료를 맛보았어요. 원주민들이 즐겨 마시는 모습을 보고 호기심에 한번씩 맛보았지요. 하지만 이 거무스름하고, 쌉쌀하고, 물에 타면 보글거리는 거품까지 일어나는 음료를 보고 호감을 느끼기는 어려웠어요. 이탈리아의 역사가 지롤라모 벤조니는 아예 대놓고 이런 심한 말로 카카오 음료를 멸시하기도 했지요.

인간이 마실 음료라기보다 돼지에게 더 적합한 것 같다.[15]

벤조니는 이른바 '콜럼버스의 달걀' 이야기로 유명한 사람이에요. 콜럼버스가 자신을 무시하는 사람들에게 달걀을 세워 보라고 하고는, 모두 낑낑거리기만 할 뿐 제대로 달걀을 세우지 못하자 달걀을 깨트려서 세웠다고 하지요. 오늘날 이 일화는 발상을 전환해야 한다는 교훈을 담은 이야기로 널리 전해지는데, 이 일화를 전한 사람이 바로 벤조니입니다. 『신세계의 역사』라는 책에 이 일화를 적었지요. 콜럼버스의 담대함을 알린 사람이 정작 초콜릿에 대해서는 혹평을 내렸네요.

하지만 사탕수수, 바나나 등을 타서 쓴맛을 줄이게 되면서, 또 이 음료를 먹으면 원기가 생긴다는 것을 조금씩 알게 되면서 스페인 사람들도 초콜릿에 점점 익숙해져 갔습니다. 본국에서 가져온 와인이 떨어지면 물만 내내 마시기도 지겨우니 초콜릿 음료를 조금씩 마시기 시작했지요. 그러면서 맛을 들였어요. 벤조니마저 차츰 카카오 음료를 인정하게 되었지요.

코르테스는 카카오 열매를 유럽에 소개하기 위해 1528년에 배에 싣고 스페인으로 돌아갔습니다. 그것을 시작으로 카카오 콩은 조금씩 유럽에 알려지기 시작했지요. 처음에는 스페인 왕실에서 마시다가 프랑스로, 다시 영국으로 퍼져 나갔어요. 낯선 음료이다 보니, 초콜릿 음료는 좋아하는 사람과 싫어하는 사람이 크게 나뉘었어요. 특히 거부감을 나타냈던 사람들은 사제들이었지요. 사람들이 예배 시간에도 안팎을 들락날락하며 이 음료를 홀짝홀짝 마시는 일이 잦아졌거든요. 어떤 사제들은 이교도들이 먹는 사악한 음료, "악마의 음료"라고 부르기도 했지요. 하지만 그런 사제들 중에도 육식을 하지 못하는 기간이면 이 음료를 마시는 사람이 생겨났어요. 사제들이 단식을 할 때 초콜릿 음료를 마셔도 되는가를 두고 오랫동안 논쟁을 벌이기도 했지요.

여러 해프닝이 벌어졌지만 유럽에 건너간 카카오는 슬금슬금 유럽 사람들을 사로잡았습니다. 처음에는 초콜릿 음료를 약처럼 생각했어요. 초콜릿에는 카페인이 들어 있어서 먹으면 심장이 두근거리면서 머리가 맑아지는 느낌이 들지요. 그러니 약이라고 생각했던 것도 무리는 아니에요.

몸에 좋다는 생각이 퍼지면서 초콜릿 음료를 기호 식품처럼 마시는 사람도 생겨났어요. 특히 여성들이 이 음료에 탐닉했는데 대표적인 사람이 바로 프랑스의 왕비 마리 앙투아네트입니다. 앙투아네트는 이 음료를 얼마나 좋아했던지, 아예 왕실에 '왕비의 초콜릿 제조사'라는 특별한 직책을 만들어 사람을 뽑기도 했습니다.

유럽 곳곳에는 초콜릿 음료를 파는 사교 공간인 초콜릿 하우스도 등장했습니다. 1650년 무렵, 런던에 처음 등장한 초콜릿 하우스에서는 초콜릿의 장점을 홍보하느라 이런 시를 지어 읊었습니다.

얼굴이며 손에 자연의 장막이 드리워
밭일하느라 땅콩처럼 갈색으로 변한 아가씨도
최고의 미인이 되는 건 이제 시간문제일 뿐.
이 초콜릿 묘약을 조금만 마신다면.[16]

초콜릿만 마신다면 땅콩 같던 아가씨가 최고의 미인이 될 수 있다니, 과장이 조금 지나치긴 하지만 초콜릿 음료에 대한 사람들의 호감을 이끌어 내기에는 꽤 좋은 시지요.

이런 초콜릿 하우스에는 반란을 꿈꾸는 부르주아들도 모여들었습니다. 작가 조너선 스위프트, 역사가 에드워드 기번 같은 이들은 이 새로운 사교 클럽에 모여서 진지한 정치 토론을 이어 가곤 했지요.

● 네슬레와 허시, 20세기 초콜릿의 변신

음료로만 마시던 초콜릿의 역사에 일대 변환기가 찾아온 것은 20세기에 들어서면서부터예요. 초콜릿에서 유당을 분리해 판 모양의 초콜릿이 만들어지는가 하면 캐러멜이나 아몬드, 와인이 들어간 초콜릿도 속속 나타나기 시작했지요.

지금 우리가 알고 있는 초콜릿 브랜드 이름을 보면 그 변화에 앞장선 사람들을 알 수 있습니다. 스위스의 화학자 앙리 네슬레는 초콜릿에 우유를 타서 '밀크 초콜릿'을 개발했지요. 정확히 말하면 네슬레가 개발한 것은 우유로 분유를 만드는 것이었어요. 네슬레와 함께 연구한 다니엘 페터가 분유와 초콜릿을 섞는 아이디어를 내면서 비로소 밀크 초콜릿이 개발되었어요. 지금 우리가 알고 있는 다국적 식품 기업 네슬레가 바로 그 앙리 네슬레의 이름을 따서 만들어진 회사랍니다.

또 미국의 밀턴 허시는 초콜릿 기계를 개량해 초콜릿을 대량 생산할 수 있는 시대를 열었어요. 시카고에서 열린 박람회에 갔다가 초콜릿 제조 기계를 발견한 허시는 그 기계를 들여와 대규모 초콜릿 공장을 설립했어요. 그리고 벨트 컨베이어의 조립 라인으로 초콜릿을 대량 생산해서 팔기 시작했지요. 이로써 비로소 초콜릿이 대중화되기 시작했습니다. 그 때문에 허시는 자동차의 대량 생산 시대를 연 헨리 포드에 비유되어 '초콜릿 업계의 헨리 포드'라는 재미난 별명을 얻기도 했지요. 우리가 알고 있는 허시 초콜릿 브랜드가 바로 그 허시의 이름에서 나온 것이랍니다.

오늘날 전 세계에서 초콜릿을 가장 많이 먹는 나라는 어디일까요? 바로 '네슬레'로 유명한 나라 스위스예요. '허시' 초콜릿의 나라 미국도 그에 못지않지요. 이 두 나라뿐만 아니라 전 세계의 모든 나라에서 초콜릿은 가장 인기 있는 디저트일 거예요. 달콤한 초콜릿이 주는 행복감은 남다르지요.

카카오 콩을 처음 발견한 라틴아메리카 사람들도 우리와 비슷했던 모양인지, 아즈텍 문명에는 초콜릿에 관한 전설이 하나 내려옵니다. 그 전설에 따르면 카카오가 주는 행복감은 바로 카카오 속에 들어 있는 태양으로부터 나온다고 해요. 카카오 속에 태양이 들어 있다니, 근사한 상상력이지요.

또 다른 전설에 따르면 아즈텍 시절에, 태양이 든 열매 카카오는 원래 신들의 음료였어요. 신들만이 저 높은 곳에서 인간들 몰래 즐길 수 있었지요. 그러던 카카오를 인간에게 전해 준 것은 바로 케찰코아틀 신이에요. 케찰코아틀은 카카오 씨앗 몇 개를 턱수염에 숨긴 채 거미줄을 타고 땅으로 내려와서 인간들에게 전해 주었습니다. 그런데 이번에는 왕족과 사제들, 전사들이 이 열매를 독점했어요. 그래서 아즈텍 제국에서 카카오는 귀족의 음료가 되었다는 전설입니다. 아즈텍 사람들이 카카오 콩을 얼마나 귀하게 여겼는지 잘 알려 주는 이야기지요.

신들의 음료이자 아즈텍 제국 귀족들이 독점했던 음료를 이제는 전 세계 사람들이 즐기고 있습니다. 달콤하고도 씁쓸한 초콜릿을 먹을 때면 초콜릿의 고향이 라틴아메리카 대륙이라는 것, 카카오 콩을 맨 처음 수확해서 갈아서 거품을 내어 마신 이들이 라틴아메리카 사람들이라는 것을 기억해 주세요.

2부

엘도라도에서 혁명의 나라로

정치와 경제

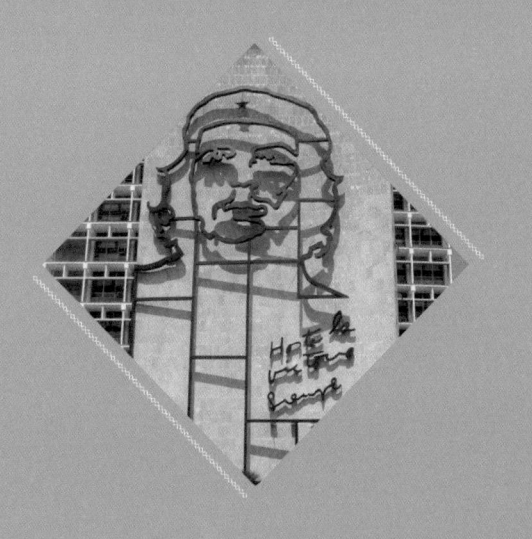

라틴아메리카 곳곳에는 자연의 축복을 받은 지역이 많아요. 금은과 같은 보석도 풍부하고, '검은 다이아몬드'라고 불리는 석유가 나는가 하면, 고무 같은 천연자원도 아주 풍족하지요. 하지만 그 자연의 축복이 모두에게 고루 돌아가지는 못했습니다. 오히려 이런 자원을 약탈하려는 유럽 사람들 때문에 오랜 세월 골머리를 앓아야 했지요. 그래서 식민지 시절을 거친 뒤에는 많은 나라가 독립, 혁명, 민주화와 같은 역동적인 사회 변화를 거치게 됩니다. 원주민 문명이 몰락하고 난 뒤에 라틴아메리카에 몰아닥친 다양한 변화를 살펴볼까요?

01 엘도라도
은광 노새와 산업 혁명

콜롬비아의 수도 보고타에는 재미난 이름의 공항이 있어요. 바로 엘도라도 국제공항이지요. 엘도라도는 전설 속에 나오는 황금의 땅을 가리키는 말입니다. 황금의 땅으로 들어가는 공항이라니, 표현 한번 거창하지요?

사실 엘도라도라는 말은 '황금빛이 나는 사람'이라는 뜻으로, 온몸을 황금으로 칠한 원주민 추장을 가리키는 말이었습니다. 라틴아메리카를 알기 전에 유럽에서는 이 황금빛 원주민 추장에 대한 이야기가 떠돌았어요. 그 전설에 따르면 남아메리카 대륙의 북쪽 어딘가에서는 새 추장이 뽑히면 이런 의식을 치른다고 해요. 우선 새 추장은 옷을 걸치지 않고 호수의 가장자리에 서요. 그럼 부하들이 그의 몸을 온통 금으로 칠해요. 다 칠하고 나면 추장은 뗏목을 타고 호수 한가운데로 나아가 호수의 물에 몸을 씻어요. 그렇게 호수의 신에게 황금을 바치는 것입니다.

라틴아메리카에 가면 이런 부족을 만날 수 있다는 이야기는 곧 이 대륙에 황금이 많다는 이야기로 바뀌어 떠돌았고, 엘도라도는 황금을 칠한 사람에서 황금의 나라를 가리키는 말로 바뀌어 갔어요. 엘도라도 전설은 많은 유럽 사람이 라틴아메리카로 황금을 찾아 떠나는 모험을 감행하는 계기가 되었지요. 콜럼버스가 쓴 『항해 일지』에는 황금과 보물에 대한 언급이 수백 차례나 등장해 황금을 향한 불타는 욕망을 마구 부추겼습니다.

콜롬비아의 소설가 가르시아 마르케스는 이런 말로 엘도라도에 대한 당대 유럽 사람들의 열망을 설명하기도 했지요.

엄청난 탐욕의 대상이 된 우리의 환상적인 엘도라도는 지도학자들의 공상에 따라 장소와 형태를 달리하면서 오랜 세월 수많은 지도에 모습을 드러냈습니다.[17]

황금으로 가득한 머나먼 땅이라니, 모험심이 있는 사람이라면 누구라도 심장이 두근거리지 않을 수 없었지요.

엘도라도에 눈이 먼 스페인

유럽 사람들을 설레게 했던 엘도라도는 정말 있었을까요? 수많은 사람이 실재하는 엘도라도를 찾아다녔습니다. 어떤 사람은 콜롬비아의 고원에서, 또 어떤 사람은 아마존 분지에서 엘도라도 전설의 기원을 찾았다고 주장했지요. 하지만 그 누구도 정확한 장소를 찾지는 못했어요. 어떤 학자들은 오늘날의 콜롬비아 지역에 있는 칩차 문명이 엘도라도의 시작이 아니었을까 조심스럽게 추측합니다. 칩차 문명이 번성하던 곳에는 실제로 금이 많아서, 칩차족 사람들은 금을 항아리에 담아 은밀한 곳에 숨겨 두기도 했다고 전해지거든요.

엘도라도가 정확히 어디인지 찾지는 못했지만, 라틴아메리카는 사실상 대륙 전체가 곧 엘도라도라고 해도 과언이 아니었습니다. 그만큼 라틴아메리카 곳곳에는 금은보화가 풍부했어요. 특히 은이 많았지요. 은광이 풍부하다는 사실이 탐험가들을 통해 알려지면서, 유럽에서는 국가적인 차원에서 식민지로 정복하려는 움직임이 적극적으로 일어났습니다. 당시 유럽은 아직 산업 혁명이 일어나기 전이었기 때문에, 돈을 번다는 것은 곧 금과 은을 많이 얻는 것과 다름없었어요. 왕실 금고 안에 얼마나 많은 금은이 있느냐가 곧 그 왕국이 얼마나 부유한가를 가르는 기준이었으니, 당연히 은광의 발견에 환호했지요.

특히 스페인 사람들이 이 대륙에 눈독을 들였습니다. 당시 스페인은 '레콩키스타'라고 일컫는 정복 전쟁을 막 마친 무렵이었어요. 711년에 이슬람교를 믿는 무어인들이 지금의 스페인이 있는 이베리아반도에

침입한 이후, 이곳에서는 가톨릭과 이슬람 간에 영토 전쟁이 끊임없이 펼쳐졌어요. 스페인 입장에서는 '영토 회복 운동'이었지요. 스페인은 마침내 1492년에 마지막 이슬람 왕국인 그라나다를 정복하고 이베리아반도를 되찾았어요. 영광을 회복하고 나라의 기틀을 다시 다지던 무렵, 라틴아메리카 대륙에 금과 은과 에메랄드 같은 귀한 보물들이 많다는 소식이 들려왔지요. 라틴아메리카라는 거대한 '금광'을 발견한 것입니다.

스페인은 다른 유럽 국가보다 앞장서서 라틴아메리카를 정복하겠다고 나섰습니다. 무어인을 몰아내고 이베리아반도를 통일한 여세를 몰아 해외로 눈을 돌리기 시작한 겁니다. 오랫동안 무어인을 상대로 전쟁을 치르다 보니 전쟁에서 승리하는 것이라면 남보다 더 자신 있기도 했어요. 그렇게 에르난 코르테스와 프란시스코 피사로를 비롯해 많은 스페인 탐험가가 금과 은을 찾아 탐험을 떠났습니다. 라틴아메리카에 도착한 이들은 마구잡이로 금과 은을 탈취했어요. 특히 잔혹한 사람은 피사로였어요. 피사로가 잉카의 왕을 사로잡아 일확천금을 손에 쥔 일화는 아주 유명해요. 그 사건의 전말은 이렇습니다.

배 세 척에 형제들과 선원 180여 명, 말 37필을 태우고 항해를 시작해 마침내 잉카 제국에 입성한 피사로는 잉카 제국의 황제 아타우알파를 포로로 잡았어요. 낯선 유럽인들을 만난 잉카인들이 우왕좌왕하는 틈을 타 황제를 사로잡은 것이지요.

목숨이 위태로워진 아타우알파는 피사로가 솔깃해할 만한 제안을 하나 했어요. 자신을 풀어주면 방 하나를 금은보화로 가득 채워 주겠다는 것이었습니다. 그 방은 무려 가로 17피트(약 5.2미터), 세로 22피트(약 6.7미터), 높이 약 9피트(약 2.7미터)나 될 만큼 컸어요. 아타우알파는 그 방이 다 차면 다른 방 하나도 마저 채워 주겠노라고 약속합니다.

피사로는 귀가 번쩍 뜨였겠지요? 피사로는 두 달 안에 모두 채워야 한다는 단서를 달아서 약속을 했어요. 아타우알파는 즉각 신하들에게 잉카 제국 곳곳에서 금은보화를 모아 오라고 명령을 내렸지요. 신하들은 어렵지 않게 그 방을 금과 은으로 채웠어요. 잉카 사람들은 금과 은에 대해서 스페인 사람들처럼 탐욕스럽지 않았거든요. 잉카 사람들에게 금과 은은 왕족과 귀족의 장신구에 불과했지요. 사람들의 목숨을 빼앗아 가면서까지 차지해야 할 물건은 아니었습니다.

당시 왕의 목숨을 구하기 위해 방에 가득 채웠던 황금이 무려 6톤, 은 12톤가량이었다고 해요. 순식간에 보물로 가득 찬 방을 본 피사로는 얼마나 놀랐을까요? 피사로는 그 엄청난 재물 중 5분의 1은 스페인 국왕의 몫으로 남겨 두고, 나머지를 부하들과 나누어 가졌어요. 피사로와 그를 따라온 이들이 벼락부자가 되는 순간이었습니다(5분의 1을 굳이 남겨 둔 것은 이들이 왕과 맺은 계약 때문입니다. 정복자들은 아메리카에서 얻는 수익의 5분의 1을 왕실에 바친다는 조건으로 왕실의 지원을 받아 항해에 나섰습니다).

그런데 엄청난 재물을 얻고도 피사로는 약속을 지키지 않았어요. 잉카 제국 최후의 황제는 황금에 눈먼 스페인 정복자의 손에 생을 마감해야 했지요.

스페인이 정복한 이후, 황금을 찾으러 온 유럽 사람들은 라틴아메리카 대륙 전체를 바꾸어 놓았습니다. 은맥이나 금광이 발견된 곳은 순식간에 사람들이 몰려들어 거대한 스페인식 도시로 변모해 갔지요. 가톨릭교회가 세워지고 관공서가 들어서고 시장이 생겨났습니다. 지금도 멕시코의 주요 도시인 탁스코, 케레타로가 모두 당시에 개발된 은광 도시들입니다. 그중에서도 가장 유명한 곳은 멕시코 북쪽의 사카테카스, 과나후아토, 그리고 볼리비아의 포토시예요. 이 세 도시는 16세기에 세계 3대 은광 도시로 손꼽혔지요.

은광이 발견되면서 시골 도시가 세계적인 도시로 변모해 가는 과정은 정말 극적이었어요. 과나후아토는 한때 세계 2대 부자 도시로 유명세를 떨쳤지만, 사실 은광이 발견되기 전까지는 사람이 거의 살지 않는 들판에 불과했어요. 원주민 말로 과나후아토란 '개구리가 사는 언덕'이라는 뜻이에요. 이름만으로도 소박한 곳이었음을 짐작할 수 있지요?

"반짝인다!"

"뭐가요?"

"돌이요!"

로드리고는 팔다리를 한껏 벌리고 달빛 가득한 허공으로 날아오른다. 페드로는 뜨거운 돌을 집다가 손톱을 부러뜨리고, 입을 맞추다가 입을 덴다.[18]

과나후아토의 라발렌시아나 광산

　갈레아노라는 언론인은 과나후아토에서 처음 은광이 발견되는 순
간에 대해, 상상력을 가미해 이렇게 묘사하기도 했어요. 다른 광산으로
가는 길에 야영을 하다가 한밤중에 우연히 반짝이는 돌을 발견하고는
'노다지'를 찾은 기쁨에 한껏 들뜬 두 스페인 남자의 모습이 잘 드러나
있지요. 실제로 과나후아토는 그렇게 우연히 그곳을 지나던 이들이 찾
아냈다고 합니다.

　은맥이 발견되면서 과나후아토는 시골 개구리 언덕에서 곧바로

멕시코의 은광 도시 과나후아토의 오늘날 풍경

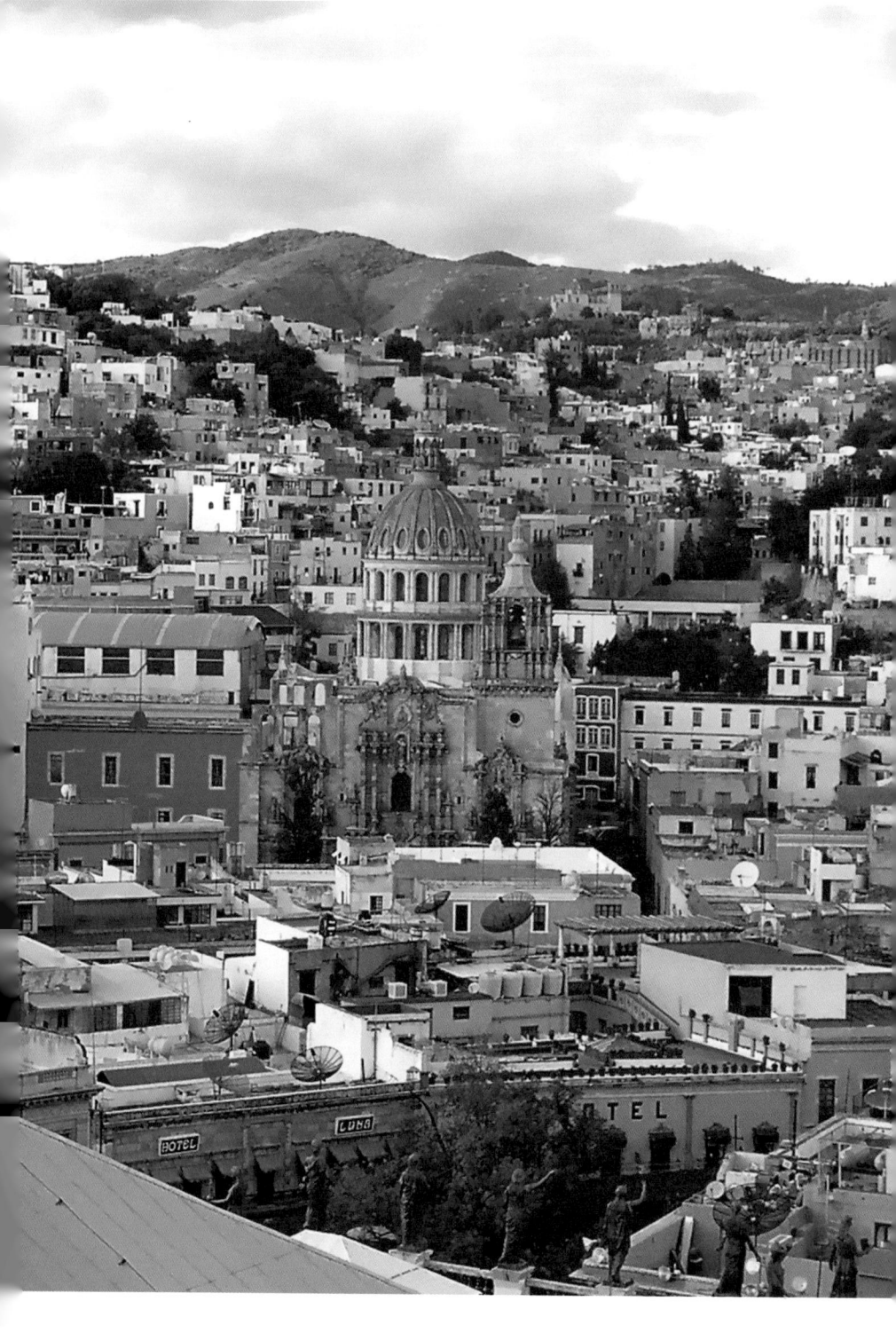

과나후아토 거리에 놓인 화분.
은을 실어나르던 수레를 모티프로 삼았다.

'식민지의 심장부'가 되어 갔습니다. 지금도 과나후아토에서는 당시 광산업으로 떼돈을 번 부자들이 지은 대저택들을 법원이나 의회 공간으로 쓰고 있지요.

극적인 변모로 보자면 볼리비아에 있는 포토시도 만만치 않습니다. 스페인 사람들이 오기 전에는 포토시도 안데스 산맥에 있는 작은 시골 마을에 불과했는데, 이 마을에 있는 세로리코 산에서 엄청난 은맥이 발견되면서 커다란 도시로 변모해 갔지요. 은맥이 발견된 지 30년도 채 되지 않은 1573년에 무려 16만 명에 이르는 사람들이 모여 사는 거대 도시로 탈바꿈했으니까요. 당시 유럽의 대도시였던 파리나 런던에 견줄 만한 규모였습니다. 뉴욕은 아직 생겨나기도 전이고요. 포토시에는 은이 어찌나 많았던지 말발굽마저 은으로 만들어 쓸 정도였어요.

은으로 떼돈을 번 사람들이 많아지면서 포토시에서 사치와 향락을 즐기는 사람들도 덩달아 늘어났습니다. 원주민이나 광부 들이 아니라 대부분 백인 광산업자나 사업가 들이었지요. 도박장 300여 개, 교회 36개, 발레 학교 14개가 있었다고 해요. 특히 도박장이 워낙 많아서 한

탕을 노린 이들이 몰려들었으니 오늘날의 미국 라스베이거스에 비유할 수 있겠네요. 포토시의 부자들은 양탄자는 페르시아에서, 유리는 베네치아에서, 진주는 파나마에서, 도자기는 중국에서 수입해 쓰면서 다이아몬드나 루비, 진주로 온몸을 치장하며 살았어요.

포토시의 은광이 어찌나 유명했던지, 당시 스페인에서는 포토시가 그 자체로 '막대한 부'를 뜻하는 단어처럼 쓰였습니다. '포토시만큼 가치 있다'는 뜻을 가진 'valer un Potosí'라는 관용구가 흔하게 쓰였지요. 스페인의 명작 『돈키호테』에도 이 포토시가 언급되는 부분이 있어요. 돈키호테가 산초와 대화하면서 이런 말을 해요.

"내가 자네에게 제대로 지불을 해야 한다면, 산초, 이 처방의 위대성이나 그 질의 정당한 가치로 보아 그 많은 베네치아의 보물도, 저 돈 많은 볼리비아의 포토시 부자 광산을 다 주어도 그 값엔 턱없이 못 미칠 걸세."[19]

돈키호테다운 과장된 표현이 포토시를 통해 드러나고 있지요.

금을 노리는 카리브해의 해적들

라틴아메리카 대륙에서 캐낸 엄청난 금과 은은 스페인으로 흘러들어 갔어요. 그런데 스페인 사람들은 금과 은을 어떻게 유럽까지 가져갔을까요? 지금처럼 운송 기술이 발전하지 않았던 때여서, 일단 금과 은을 확보한다 해도 그것을 유럽까지 옮기는 것은 보통 일이 아니었습니다. 자칫 거센 풍랑이라도 만난다면 금은보화와 함께 그대로 바닷속에 가라앉아 버릴 수도 있었지요. 배를 타고 가는 길에 해적을 만나면 통째로 빼앗기기 쉬웠고요. 하지만 반대로 해적의 입장에서 생각해 보면 어떨까요? 금을 가득 싣고 대서양을 건너는 배 한 척만 탈취한다면, 해적들은 엄청난 부를 거머쥘 수 있었어요! 그러니 금을 노리는 해적들이 우후죽순 생겨나기 시작했지요.

당시에 오늘날의 멕시코나 중앙아메리카가 속해 있던 누에바에스파냐에서 채굴한 은들은 멕시코만에 있는 베라크루스항에 모였다가, 카리브해의 쿠바나 도미니카 공화국, 혹은 푸에르토리코를 지나 대서양을 가로질러 스페인 남부에 있는 카디스나 말라가의 항구에 도착하는 것이 주요 노선이었어요. 페루나 볼리비아에서 채굴한 귀금속은 리마항에 모였다가 북쪽의 파나마 지협을 건너 카리브해를 거쳐 스페인으로 향했지요.

해적들은 그 길목 중에서 주로 카리브해에 잠복해 있다가 금을 실은 배들을 탈취했어요. 지금도 종종 영화로 만들어지는 카리브해의 해적들에 관한 이야기는 바로 그 당시의 역사에 바탕을 두고 있습니다. 가장 유명한 영화로는 〈캐리비안의 해적〉이 있어요. 시리즈로 만들어진 이 영화에는 아즈텍 달력이 새겨진 은화를 훔치는 이야기가 등장하지요. 해적의 기원을 생각하면 왜 이 영화 속 해적들이 하고많은 은화 중 아즈텍 달력이 새겨진 은화를 찾아 헤맸는지 알 수 있습니다.

잘만 하면 단숨에 부자가 될 수 있는 기회이다 보니 영국, 프랑스, 네덜란드 해적들이 카리브해 곳곳에 출몰했습니다. 비공식적이긴 했지만 영국은 해적질을 아예 국가적인 사업으로 벌이기도 했어요. 영국의 엘리자베스 여왕은 해적인 프랜시스 드레이크에게 귀족 작위를 주기도 했지요. 드레이크는 쿠바의 산티아고, 콜롬비아의 카리브해 해안가를 돌며 스페인 선박들을 공격했습니다. 그렇게 손에 쥔 보물을 여왕에게 바쳤는데, 많을 때는 그 수입이 영국의 일 년 조세 수입보다 많을 정도였지요. 그러니 영국에는 해적이 정말 소중한 '인재'였겠지요? 반대로 스페인에는 정말이지 골치 아픈 도둑이었어요.

젖소는 분명 스페인의 것인데

해적의 급습에서 무사히 살아남은 배들은 상당한 금은보화를 스페인으로 전해 주었습니다. 1503년부터 1660년까지 약 18만 5000킬로그램의 금과 1600만 킬로그램의 은이 스페인에 도착했습니다. 150여 년 동안 스페인으로 향한 은만 해도 당시 유럽에 비축되어 있던 은의 총량의 3배에 달했다[20]고 하니, 정말 어마어마한 양이지요.

스페인으로 흘러들어 간 은은 스페인뿐만 아니라 유럽 전체를 뒤흔들어 놓았습니다. 은이 스페인을 거쳐 유럽 전체로 갔기 때문이에요. 당시 스페인 왕실은 유럽 곳곳에 빚을 지고 있었거든요. 아메리카 정복 사업에 투자하는 것은 물론이고 유럽 곳곳에서 전쟁을 벌이거나 대규모 건축물을 세우고 사치를 부리느라 제노바, 플랑드르, 독일 등지의 여러 은행가들과 부자들에게 빚을 진 상태였지요(스페인 가톨릭의 수호자를 자처한 카를로스 1세는 프랑스와 독일의 개신교 제후들과 종교적인 이유로 전쟁을 벌였고, 이슬람교를 믿는 투르크 제국과도 전쟁을 했지요).

스페인 항구에 도착한 은이 담긴 상자들은 배에서 내리기도 전에 이미 임자가 정해져 있었습니다. 1543년에는 왕실 전체 수입의 65퍼센트가 공채를 갚는 데에 충당되었다고 하지요.

"어느 나라가 스페인과 무역을 하면 할수록 점점 더 많은 은을 소유하게 된다."는 것은 당시 유럽에 하나의 상식처럼 굳어져 갔습니다. 그런데도 스페인 왕실과 부유층의 사치는 점점 심해졌습니다. 프랑스의 레이스, 네덜란드와 브뤼셀의 직물, 베네치아의 유리 제품, 밀라노의 무기, 프랑스의 포도주 등 다른 나라의 공업 제품이나 당시로서는 최첨단 산업의 제품들을 마구 사들였습니다. 스페인과 스페인 식민지들이 유럽 제품들의 소비 시장 역할을 한 셈이지요.

그 결과가 바로 유럽의 역사를 송두리째 바꾸는 산업 혁명입니다. 라틴아메리카의 금과 은은 흥미롭게도 이후 유럽에서 산업 혁명이 일어나는 데에 기여하게 되지요. 금고가 두둑해진 스페인이 유럽 곳곳에서 수많은 상품을 사들였고, 다른 유럽 국가들은 수출로 얻은 이익을 산업에 투자하면서 유럽의 산업이 크게 발전하기 시작했습니다. '보이지 않는 손'으로 유명한 경제학자 애덤 스미스는 1776년에 발간한 책『국부론』에서 "국부의 원천은 금과 은이 아니라 바로 노동 생산물"이라고 주장했어요. 이를 입증하기 위해서 금과 은을 엄청나게 가진 스페인과 포르투갈보다 네덜란드와 영국, 프랑스가 더 잘사는 이유를 분석하기도 하지요.

지금으로서는 당연한 말 같지만 당시 유럽에서는 공업이나 제조업을 천시하는 사람이 많았습니다. 많은 이들이 여전히 국가의 부는 무역을 통해 벌어들이는 금과 은에서 나온다고 생각했어요. 이들은 상업을 중시한다고 해서 중상주의자라고 부르지요. 그런데 애덤 스미스는 한 나라의 공장에서 만들어지는 노동 생산물이 나라의 부를 좌우한다고 주장한 거예요. 스미스의 이론은 유럽에서 제조업이 발달하는 것을 촉진했고, 실제로 유럽 사회는 농업에서 제조업으로 산업이 점차 전환되어 갔습니다.

아이러니한 것은 유럽에서 가장 돈이 많았던 스페인은 정작 국가 산업의 방향을 전환할 기회를 놓쳤다는 거예요. 식민지에서 끊임없이 엄청난 금은이 들어오다 보니 스페인은 자국의 산업을 발전시키려는 의욕이 없었습니다. 그저 수입에만 열심이었지요. 또한 갑작스럽게 은이 늘어나면서 인플레이션이 크게 일어난 것도 문제였어요. 스페인에서 사업이나 생산을 하는 것이 점점 부담스러운 일이 되었습니다. 물가 상승 때문에 스페인 생산물의 가격이 올라가면서 수출에는 불리해진 것이지요.

스페인은 갑작스럽게 늘어난 부 때문에 오히려 점차 쇠락해 갔습니다. 하지만 돈 많은 이웃 나라 덕분에 영국이나 프랑스 등의 여러 나라들은 산업 혁명을 일구어 나갈 수 있었으니, 참 역설적인 상황이었지요. 유럽의 소비 시장으로 전락한 스페인은 결국 그 많던 금은보화를 다 써버린 뒤에 국력이 크게 기울고 말았습니다.

젖소는 스페인 사람들의 것이었지만, 우유를 마신 이들은 다른 나라 사람들이었다.[21]

우루과이의 저명한 언론인 에두아르도 갈레아노는 당시 스페인의 상황을 이렇게 비유했어요. 식민지에서 수많은 금은을 가져오긴 했지만, 결국 남 좋은 일만 시킨 스페인의 처지를 잘 설명하고 있지요.

🔴 브라질의 금광에서 캐낸 금이 흘러간 곳은?

오늘날의 멕시코 지역에서 주로 은이 많이 채굴되었다면, 브라질 지역에서는 금이 많이 나왔어요. 어쩌면 진정한 엘도라도는 브라질의 미나스제라이스 지역일지도 몰라요. 이 지역에서 1695년에 금광이 발견된 데 이어, 1730년에는 다이아몬드 광산이 발견되었거든요. 브라질 지역은 당시 포르투갈의 식민지였기 때문에 브라질에서 캐낸 금은 모두 포르투갈로 유출되었습니다.

그런데 포르투갈은 스페인의 상황과 비슷해서, 포르투갈의 금은 대부분 이웃 나라 영국으로 흘러들어 갔습니다. 포르투갈은 영국제 직물을 많이 수입했는데, 그에 대한 대금이 브라질에서 온 금으로 지불되었지요. 그 과정에서 영국은 훗날 산업 혁명을 일으킬 토대를 마련했지만, 포르투갈은 스페인과 마찬가지로 식민지의 금 때문에 오히려 자국의 산업을 일으킬 기회를 놓치고 말지요.

은광 노새가 된 광부들

다시 라틴아메리카의 은광으로 돌아가 볼까요? 당시 라틴아메리카의 광산에서 은을 캐내던 원주민 광부들의 삶은 어떠했을까요? 식민지가 되어 버린 땅에서, 그것도 고되기로는 손에 꼽는 광부 일을 하는 삶이 열악했을 것이라는 짐작은 어렵지 않게 할 수 있지만, 현실은 훨씬 더 가혹했습니다.

광부들은 노새처럼 쉼 없이 일을 한다고 해서 '은광 노새'라고 불릴 정도였어요. '은광 노새'들은 개미굴처럼 좁은 갱도를 타고 깊숙이 들어가, 숨도 잘 쉬어지지 않는 어두운 탄광 속에서 하루 종일 은을 캐내야 했지요. 광부들은 탄광 속에 들어갈 때면 코카 잎을 한 줌씩 가지고 들어갔어요. 코카 잎을 씹으면 끼니를 걸러도 배가 덜 고프고, 몸에 힘도 나거든요. 한번 탄광에 들어간 광부들은 대개 이틀 동안 탄광 밖으로 나오지 못하고 일했습니다. 코카 잎 덕분에 그나마 고통을 덜 수 있었을지는 모르겠지만, 그만큼 몸은 더욱 망가져 갔겠지요.

탄광 노동이 어찌나 고되었는지 당시 광부들의 평균 수명은 23세에 불과했습니다. 고된 노동도 노동이지만 탄광에서 캐낸 은을 제련하는 과정에서 수은을 많이 사용해야 했는데, 그 때문에 수은 중독으로 사망에 이르기도 했지요. 광산에서 캐낸 은으로 이룬 부를 유럽 각국이 누리는 동안, 정작 탄광 안에서는 원주민들이 한평생 은만 캐내다가 고통스럽게 죽음을 맞이했습니다.

산업 혁명에 대해 역사책에는 유럽 사람들이 이룬 놀라운 업적이라고 기록되어 있지만, 알고 보면 그 뒤에는 광산에서 힘겹게 은을 캐낸 라틴아메리카 원주민 광부들의 땀방울이 진하게 스며 있습니다.

너무 많이 캐낸 나머지 은의 생산량이 줄고 전처럼 은이 중요하지 않게 되면서, 유명했던 은광 도시들은 19세기 이후 쇠락해 갔습니다. 많은 은광 도시가 한때의 영광을 뒤로하고 다시금 가난한 광부들이 모여 사는 작은 도시가 되어 갔어요. 포토시는 "세계에서 가장 많은 것을 제공하면서 가장 조금밖에 갖지 못한 도시"가 되었지요.[22] 오늘날까지 도시에 남은 고색창연한 유럽식 건축물과 도로만이 화려했던 옛 시절을 떠올리게 합니다.

● 은광 도시 과나후아토의 변신

20세기 후기로 오면서 과나후아토는 점차 쇠락하기 시작해요. 쇠락하던 도시가 1970년대부터 국제적인 축제의 도시로 거듭나게 됩니다. 시작은 아주 소박했어요. 1950년에 과나후아토 대학의 학생들이 스페인 작가 세르반테스가 지은 막간극을 연극으로 만들어 도시 광장에서 상연했어요. 중세풍 도시를 배경으로 펼쳐지는 중세 연극에 대해 입소문이 퍼지면서 주변 도시 사람들도 구경하러 오자, 멕시코 정부는 아예 1972년에 이를 '세르반테스 국제 페스티벌'이라는 거대한 축제로 만듭니다. 이후 축제는 점점 흥성하면서 프랑스의 아비뇽 축제, 스코틀랜드의 에든버러 축제와 함께 세계적으로 손꼽히는 공연 예술 축제가 되었어요. 매년 10월이 되면 무려 30여 개국이 이 축제에 참여하고 있습니다.

02 바나나 공화국
사라지지 않는 제국의 그림자

라틴아메리카에는 재미난 별명을 가진 나라들이 있습니다. 바나나 공화국, 커피 공화국, 사탕수수 공화국과 같은 별명이지요. 바나나 공화국은 니카라과를, 커피 공화국은 엘살바도르를, 사탕수수 공화국은 쿠바를 가리켜요. 이들 나라에서 각각 바나나와 커피와 설탕이 많이 나온다고 해서 이렇게 부르곤 합니다.

이런 별명이 전혀 무색하지 않은 것이, 실제로 한때 유럽인의 식탁에 오른 설탕의 거의 전부가 라틴아메리카산이었어요. 그뿐인가요? 중앙아메리카와 멕시코산 카카오도 그랬고 카리브산 담배도 그랬지요. 브라질산 커피가 유럽인들의 식탁을 점령한 적도 있어요. 지금도 콜롬비아산 커피는 세계인이 가장 즐겨 마시는 커피 중의 하나지요. 라틴아메리카는 이런 작물을 재배하기에 딱 알맞은 기후와 토양을 갖고 있습니다.

하지만 바나나 공화국이니 커피 공화국이니 하는 별명들은 그런 천혜의 환경에 대한 영광과 자부심을 표현한 것은 아니에요. 그보다는 자조와 서글픔, 때로는 비웃음을 담고 있어요. 이들 나라에 변변한 산업이라고는 바나나 커피 재배밖에 없다는 뜻이기도 하거든요. 그렇게 된데는 스페인의 식민지가 된 이후 이 대륙에 펼쳐진 독특한 경제 시스템이 영향을 미쳤어요. 바로 플랜테이션입니다.

단일 작물, 흑인 노예, 대농장

플랜테이션은 그저 작물을 심는 곳을 가리키는 단어예요. 그런데 15세기 이후 역사적인 의미가 하나 덧붙었습니다. 바로 라틴아메리카 지역에 형성된 대규모 농장을 뜻해요. 스페인을 비롯해 유럽 열강에서 온 이들이 이 지역에 농장을 설립하면서부터지요.

라틴아메리카에 온 유럽 사람들은 곧 이 대륙이 농사를 짓기에 아주 적합하다는 사실을 발견했습니다. 라틴아메리카는 적도의 위아래로 뻗어 있어서 대부분의 땅이 열대와 아열대 기후에 속해요. 농사짓기에 더없이 좋은 날씨지요. 위도뿐만 아니라 고도도 좋았어요. 멕시코와 중앙아메리카의 산악 지대는 물론이고, 남아메리카의 등뼈인 안데스 산맥 지대는 고도가 다양해서 고도에 따라 여러 작물을 심을 수 있었습니다. 가령 커피는 열대와 아열대 지역 중에서도 약간 서늘한 곳에서 잘 자라는데, 콜롬비아의 경우 열대 지역이면서 고산 지대여서 커피를 재배하기에 아주 적합했지요. 유럽 사람들은 곧 대륙 곳곳에 아주 커다란 농장을 조성하기 시작했습니다.

그런데 그 형태가 조금 독특했어요. 크기만 거대한 것이 아니라, 너른 땅에 오직 한 가지 작물만 심었습니다. 당시 유럽은 중상주의 시절, 즉 최고의 무역 상품을 개발해 상업으로 돈을 버는 시대였어요. 유럽 사람들은 라틴아메리카의 농작물을 수출해 돈을 벌어야겠다고 생각했고, 유럽 시장에서 가장 높은 값을 받을 수 있는 작물만 들입다 심었습니다. 담배, 면화, 사탕수수, 인디고 등이 바로 그것이지요. 농장주들의 관심은 오로지 작물을 내다 팔아 최대한 많은 이윤을 남기는 데에 있었어요. 라틴아메리카 대륙의 산업을 발전시키거나, 라틴아메리카 사람들이 다양한 먹을거리를 누리게 하는 것 따위에는 전혀 관심이 없었지요. 작물을 유럽에 수출해서 대농장주들이 돈을 벌면 그들이 내는 세금으로 유럽의 왕실 금고가 차곡차곡 채워졌습니다.

그럼 그 농사는 누가 지었을까요? 지금처럼 헬리콥터로 농약을 뿌릴 수 있는 시절도 아니니, 큰 규모의 농장을 운영하려면 당연히 손이 많이 필요합니다. 그 일손은 아프리카에서 '수입'한 노예들로 채워졌어요. 처음에는 원주민들을 마치 노예처럼 부려서 농장을 운영했는데, 고된 노동과 전염병 탓에 날이 갈수록 원주민의 수가 급속히 줄어들었습니다. 게다가 원주민들은 주로 아즈텍이나 잉카 문명이 번성했던 고원 지대에 거주하고 있었기 때문에 열대와 아열대의 저지대에는 별로 살지 않았어요. 브라질이나 베네수엘라, 콜롬비아의 열대 해변이나 카리브해의 섬나라들에는 원주민 인구가 애초에 적었지요. 그 인구조차 정복 과정에서 거의 사라지고 말았고요. 그래서 농장주들은 아프리카에서 노예를 사들이게 되었습니다.

그렇게 '대서양 노예 무역'을 통해 많은 흑인 노예가 라틴아메리카로 들어오게 됩니다. 노예 무역은 유럽, 아프리카, 아메리카의 삼각 무역이에요. 먼저 유럽의 항구에서 면직물, 총, 구슬 장식 같은 물건을 배에 싣고 서아프리카에서 가서 아프리카 노예와 맞바꾸어요. 그런 뒤 이 '인간 화물'들을 싣고 대서양 서쪽으로 항해해 아메리카에 데려와 브라질과 카리브해에 내렸지요. 그곳에서 플랜테이션의 노예들이 생산한 설탕, 카카오, 담배, 커피를 싣고 다시 유럽으로 돌아가 파는 겁니다.

그런 식으로 스페인 정복 이후인 1540년에서 1870년까지, 흑인 노예 약 900만 명이 아프리카에서 라틴아메리카로 건너와야 했습니다. 그 가운데 약 370만 명이 브라질에 도착했고, 약 460만 명은 카리브해에 있는 스페인, 영국, 프랑스, 네덜란드 식민지에 도착했지요. 그 노예들 대부분이 사탕수수 플랜테이션 농장에서 혹사당했어요. 사탕수수는 농사 중에서도 힘든 농사이기도 하거니와, 농장주들이 생산성을 높이려고 노예들을 무자비하게 부렸거든요. 쿠바의 흑인 노예들은 대개 하루에 16시간 이상을 중노동에 시달렸어요. 개간부터 사탕수수 심기와

베기, 수확한 사탕수수를 제당소로 운반하기 등의 노동으로 힘겨운 나날의 연속이었지요.

농장주 입장에서 볼 때 노예를 사 오는 데 치러야 하는 값은 결코 싸지 않았어요. 아주 큰 농장을 소유한 사람이 아니라면 노예를 사기 어려울 정도로 '가격'은 꽤 높은 수준이었지요. 학자들에 따르면, 노예를 사 온 뒤에 약 2~3년간 일을 시켜야 비로소 '본전'을 뽑을 수 있었다고 해요. 그래서 당시 노예 노동을 운영하는 잔혹한 원칙은 한마디로 이러했습니다.

열심히 부려 수익을 올리고 새 노예를 사라.[23]

노예 한 사람은 대략 얼마 동안 일했을까요? 노예들은 고작 5~6년 정도밖에 일할 수 없었다고 해요. 노동이 너무 고되었던 탓에 그 정도 기간을 일하고 나면 목숨을 잃을 수밖에 없었거든요. 농장주들은 노예들의 삶이나 건강은 전혀 돌보지 않았습니다. 한번 사 온 노예가 투자 금액의 두 배쯤 일한 뒤에 생을 다하면, 또다시 새로운 노예를 사 오면 그만이었으니까요.

심지어 노예들의 출산에도 관심이 없었어요. 흑인 노예들 사이에서 아이가 태어나면 그 아이도 노예로 삼을 수 있으니 농장주에게도 이득이지 않을까 싶지만, 농장주들은 그렇게 생각하지 않았어요. 노예의 아이가 일할 수 있을 때까지 12~14년을 키워야 하니 너무 오래 걸린다고 보았지요. 흑인 노예들이 얼마나 짐승보다도 못한 대접을 받았는지, 실감되지요?

인권은 차치하고 효율성의 측면에서 보아도 플랜테이션은 굉장히 비효율적인 시스템입니다. 하지만 단일 작물, 수출, 노예 노동을 특징으로 하는 플랜테이션 농업은 유럽인들의 이해와 맞아떨어져서 꽤 오랫동안 계속되었습니다.

🌑 도망 흑인 노예 공동체, 팔마레스 공화국

몇몇 흑인 노예들은 가혹한 현실에 맞서 농장에서 도망쳐 자신들만의 집단 공동체를 만들기도 했습니다. 이런 공동체를 '킬롬부(quilombo)'라고 불러요. 가장 유명한 킬롬부는 1603년 브라질 북동부 지역 알라고아스주에 세워진 '팔마레스 공화국'이에요. 이 공화국은 아메리카 대륙 최대의 도망 흑인 노예 공동체로 기록되어 있어요. 약 140킬로미터가 넘는 영토에 세워진 마을에 수천 명이 모여 살았는데, 포르투갈군의 공격도 버텨 내면서 1695년까지 존재했다고 하지요.

사람들이 단것을 좋아하게 되었다

그럼 라틴아메리카의 어느 지역에서 이런 플랜테이션 농업이 활발하게 이루어졌을까요? 브라질은 플랜테이션 농업이 발달했던 대표적인 지역인데 그 이유는 정복자들의 시선으로 보면 쉽게 알 수 있어요. 브라질은 멕시코나 페루 같은 스페인 식민지와 달리 살고 있는 원주민이 적었고, 초기에는 금이나 은 같은 광물도 별로 발견할 수 없었습니다(물론 나중에 금광이 발견되지만요). 하지만 기후나 토양이 농사짓기에는 더없이 좋았지요. 이 지역을 정복한 포르투갈 제국이 브라질 땅을 농업 식민지로 삼아야겠다고 생각할 법하지요.

포르투갈은 1532년에 오늘날의 상파울루 근처에 있는 상비센치 항구에 최초의 도시를 건설하고 사탕수수 플랜테이션을 세웠어요. 그리고 얼마 후 동북부에 있는 사우바도르에도 플랜테이션을 만듭니다. 이곳이 대서양 북쪽의 유럽과 더 가까워서 수출하기가 편리했거든요. 사탕수수 농장에서 얻은 막대한 이익 덕분에 1549년에 사우바도르는 브라질의 수도가 되었어요. 플랜테이션에서 지은 농사는 성공적이었고, 1600년에 브라질은 세계 최대의 설탕 생산국이 되었습니다. 생산한 설탕은 주로 포르투갈이나 네덜란드로 수출되었지요.

카리브해의 섬나라들 역시 사탕수수 플랜테이션이 활발했던 지역이에요. 이곳은 서리도 잘 내리지 않는 데다 강수량도 충분하고 추수기가 되면 건조해지는 기후여서 사탕수수를 재배하기에 더없이 좋은 환경이었지요. 하지만 원래 카리브해에는 사탕수수가 자라지 않았어요.

이곳에 사탕수수를 처음 가져와 심은 사람은 콜럼버스의 부하였습니다. 콜럼버스의 두 번째 항해에서 한 선원이 호기심에 카나리아 제도에서 가져와 심은 사탕수수가, 이 지역의 운명을 바꾸어 놓았지요. 1550년경에 카리브해에는 벌써 20개가 넘는 제당소가 들어섰어요. 카리브해에서 만들어진 설탕은 주로 스페인으로 수출되었습니다.

브라질의 사우바도르의 거리와 주민들의 풍경

사탕수수 덕분에 설탕이 흔해지면서 16세기 말 스페인의 예수회 선교사였던 호세 데아코스타는 "설탕 산업은 카리브 제도의 가장 중요한 산업이다. 사람들은 단것을 무척 좋아하게 되었다."라고 쓰기도 했지요. 앞서 라틴아메리카에서 은광 산업이 크게 발달했고 이것이 유럽의 산업 혁명에 도움을 주었다고 했는데, 설탕 산업은 은광에 이어 두 번째로 큰 규모의 사업이었습니다. 18세기 유럽에서 소비된 설탕 전체의 80~90퍼센트가 카리브해의 식민지에서 나왔지요.

브라질과 카리브해에서 사탕수수가 제왕이었다면, 중앙아메리카에서는 커피와 바나나가 압도적이었어요. 1830년에 코스타리카에서 커피가 대량 생산된 이래, 1870년대에는 과테말라에서도 커피가 주요 수출품이 되었고 엘살바도르, 니카라과가 그 뒤를 이어 커피 무역에 동참하지요.

바나나는 코스타리카와 온두라스, 파나마가 유명해요. 특히 19세기로 오면서 이들 지역에 미국의 투자가 크게 이루어지고 유나이티드푸르트, 트로피칼과 같은 오늘날의 세계적인 식품 회사들이 이들 나라에서 바나나 농업을 시작하게 되지요. 이 중 유나이티드프루트의 독점이 대단했어요. 이 회사는 그냥 바나나만 재배한 것이 아니었어요. 막대한 토지를 사들여서 바나나 농장을 조성하는가 하면, 국제 철도 회사도 사들여서 교통망을 확보하고, 부두와 항구 시설도 세우고, 선박도 사들였어요. 바나나를 생산하고 운송하고 판매하는 모든 과정을 독점한 것입니다.

이런 플랜테이션 농업은 언제까지 계속되었을까요? 이는 플랜테이션을 가능하게 한 요건들을 생각해 보면 어렵지 않게 추리할 수 있어요. 일단 플랜테이션은 노예 노동이 없으면 유지할 수 없는 농업이에요. 그래서 19세기에 노예가 해방되면서 위기를 맞지요. 대규모였던 농장은 그보다 작게 쪼개져 갔습니다.

물론 노예 해방과 동시에 플랜테이션 농업이 완전히 사라진 것은 아니었어요. 해방은 되었다지만 일생을 사탕수수 농장에서 일해 온 이들에게는 달리 먹고살 수 있는 뾰족한 길이 없었어요. 이들은 다시 임금을 받는 노동자가 되어 사탕수수 농장에서 같은 일을 할 수밖에 없었지요. 신분상 노예가 아니었을 뿐 이들의 처지는 크게 나아지지 않았습니다.

또 플랜테이션 방식, 즉 한두 가지 농작물 위주로 심어 내다 파는 농업 방식도 오랫동안 사라지지 않았어요. 한 나라의 경제 구조를 바꾸기란 쉽지 않았지요. 19세기 내내 라틴아메리카에서는 단일 작물을 수출하는 방식으로 경제를 운용해 갔고, 이는 20세기 이후 지금까지도 두고두고 이 대륙의 경제 발전에 걸림돌이 되었습니다. 그 이유는 간단합니다. 누구도 바나나만 먹거나 커피만 마시고 살 수는 없기 때문입니다.

바나나만으론 위험해

한번 상상해 볼까요? 한 나라에 오직 바나나만 생산된다면 어떤 문제가 발생할까요? 우선 굶주리거나 헐벗은 사람이 많아질 겁니다. 쌀이나 밀, 옥수수 같은 주식과 과일, 채소 등이 풍부하게 재배되어야만 사람들의 식탁이 풍요로워지지요. 또 사람답게 살려면 옷이나 신발 같은 공업품도 사용해야 해요. 하지만 라틴아메리카의 나라들은 바나나나 커피 외에 모든 음식과 생필품을 수입해야 했습니다. 바지나 신발, 하다못해 모자 하나까지 수입품에 의존했지요. 가난한 이들에게는 온통 수입품으로 식탁과 집안을 채우는 것이 부담스럽기만 했습니다. 바나나를 팔아서 얻는 막대한 부는 일부 대농장주나 백인 들의 차지였을 뿐, 실제로 그곳에서 일한 노예나 노동자 들에게 그 몫이 충분히 돌아가지는 않았거든요. 그런 점에서 보면 플랜테이션 경제는 유럽의 식민지 본국들에 이중으로 이로운 시스템이에요. 값싸고 맛있는 농산물도 풍부하게 공급받으면서, 동시에 자신들이 만든 수많은 공산품을 내다 팔 수 있는 엄청난 시장이 생긴 셈이니까요.

더욱 심각한 문제는 바나나나 커피가 늘 국제 시장에서 잘 팔리는 것이 아니라는 점입니다. 바나나만 생산하더라도 바나나가 언제나 비싼 값에 팔린다면 그나마 버틸 수 있겠지요. 하지만 국제 시장, 특히 농산물 시장이라는 곳은 가격이 롤러코스터처럼 춤을 추는 곳이에요. 브라질산 커피에서 콜롬비아산 커피로 사람들의 입맛이 변하기도 하고, 유럽 각국이 자국의 농업을 보호하기 위해 어느 날 갑자기 수입을 크게 줄이기도 하거든요. 그 변덕에 어떻게 일일이 맞출 수 있을까요? 한때 브라질에서는 국제 수요에 비해 너무 많은 커피가 생산된 나머지, 바다에 커피를 쏟아붓기도 했습니다.

게다가 농작물은 자연 재해에 취약해요. 갑자기 허리케인이 불어닥친다면? 갑자기 병충해가 들어 커피나무들이 모조리 말라죽는다면? 한두 가지 작물에 운명을 맡기고 살기엔 예측할 수 없는 변수가 너무나 많지요. 그런데 농업의 특성상 한두 해 흉작이 들었다거나 농산물 가격이 폭락했다고 해서 커피나 바나나를 키우던 농장을 금세 쌀이나 밀을 심는 농장으로 바꿀 수도 없어요.

이런 문제에 더해 카리브해와 중앙아메리카의 몇몇 나라들에는 한 가지 문제가 더 있었습니다. 나라 경제 전체가 특정 작물에 의존하게 된 것은 물론이고, 특정 국가와의 무역에 너무 깊게 의존하게 된 것입니다. 바로 미국이지요. 1920년대에서 1950년대까지 중앙아메리카 지역에서 수출하는 물건의 60~90퍼센트가 미국으로 갔어요. 또 그만큼의 물건을 미국에서 수입했지요. 게다가 쿠바를 보면, 1928년에 미국이 쿠바 제당소의 75퍼센트를 차지합니다. 미국은 주요 사탕수수 플랜테이션과 제당소를 마구 사들이고는, 쿠바에서 수출되는 설탕의 약 80퍼센트를 수입했어요. 이렇게 해서 쿠바는 경제적으로 크게 미국에 종속됩니다. 이런 상황은 꽤 오래 지속되었어요. 2000년대에도 중앙아메리카는 여전히 미국 시장에 40~60퍼센트의 수출을 하고, 미국으로부터 30~50퍼센트의 수입을 하고 있으니 늘 미국의 눈치를 볼 수밖에 없는 입장이지요. 플랜테이션 경제는 이렇게 수많은 문제점을 낳았습니다.

석유를 씨 뿌리다

이런 운명에서 벗어나는 길은 무엇일까요? 많은 나라가 산업화라고 생각했어요. 비록 천혜의 토양과 기후를 가진 대륙이지만, 농업만으로는 경쟁력을 갖기 어렵다고 판단한 많은 나라가 자국의 산업을 일으키고자 부단히 애쓰고 있습니다. 브라질은 커피로 얻은 부를 통해 상파울루를 통신과 공업, 상업의 중심지로 만들고자 고군분투했어요. 아르헨티나도 팜파스의 목축업으로 번 부를 부에노스아이레스의 산업화에 투자했지요. 라틴아메리카의 대표적인 산유국인 베네수엘라도 석유 수출로 얻은 부를 제조업 발전에 적극적으로 투자했어요. 이를 두고 사람들은 "석유를 씨 뿌린다."라고 표현하기도 했지요.

갈 길이 쉽지는 않습니다. 중국이 제조업으로 무섭게 성장하고 있고, 유럽과 미국의 견제도 만만치 않지요. 라틴아메리카에서도 덩치가 큰 나라들은 제조업에 투자하여 국내 수요에 대응하고 해외 수출을 하기도 했지만, 중앙아메리카와 카리브해의 작은 나라들은 여의치 않았어요. 여전히 바나나와 커피 같은 단일 농산물에 크게 의존하고 있지요. 플랜테이션이 남긴 그림자를 지우려는 노력은 지금도 계속되고 있습니다.

03

해방자 볼리바르
하나의 라틴아메리카를 꿈꾸다

베네수엘라의 수도 카라카스 근교에는 시몬볼리바르 대학교라는 이름의 학교가 있어요. 19세기에 스페인으로부터 베네수엘라를 해방시켜서 베네수엘라의 국부라고 일컬어지는 인물 시몬 볼리바르를 기린 학교지요. 베네수엘라에는 이렇게 '해방자' 볼리바르를 기려 그의 이름을 붙인 건물이 많아요. 시몬볼리바르 국제공항도 있습니다. 베네수엘라는 화폐 단위도 볼리바르예요. 1볼리바르, 2볼리바르 하면서 베네수엘라 사람들은 볼리바르를 세면서 살지요.

그런데 어쩐지 볼리바르라는 이름이 볼리비아라는 나라 이름과 비슷한 느낌이 들지 않나요? 느낌만 비슷한 것이 아니라, 실제로 둘은 깊

카라카스 시내의 벽화에 그려진 시몬 볼리바르의 모습. 파란 재킷을 입은 사람이 볼리바르다.

은 관계가 있어요. 볼리비아는 볼리바르의 땅이라는 뜻이에요. 이 역시 시몬 볼리바르의 이름을 따서 지었지요. 볼리비아에서도 볼리바르는 나라를 해방시킨 국부로 꼽히는 인물입니다. 두 나라나 해방시키다니, 볼리바르는 정말 대단한 사람 같지요? 여기서 끝이 아니에요.

　시몬 볼리바르를 국부로 꼽는 나라에는 무려 네 나라가 더 있어요. 에콰도르, 페루, 콜롬비아, 파나마에서도 볼리바르는 해방을 가져다준 국부예요. 볼리바르는 라틴아메리카의 여러 나라가 일제히 독립하던 19세기에 무려 남아메리카의 6개 나라를 해방시켰다고 해서 남아메리카에서는 '해방자'로 불리고 있지요. 아마 세계 역사상 가장 많은 나라를 해방시킨 독립 영웅일 겁니다. 어떻게 한 사람이 이렇게 많은 나라의 독립에 나설 수 있었을까요? 라틴아메리카의 독립 과정에는 무슨 일이 있었을까요?

시몬 볼리바르의 초상화

불만에 찬 크리오요

볼리바르는 오늘날의 베네수엘라에서 태어났어요. 당시 베네수엘라는 누에바그라나다 부왕령의 변방이었지요. 당시 이 지역은 스페인의 식민지였기 때문에, 이 지역의 왕은 스페인 왕인 카를로스 4세였어요. 하지만 이 먼 곳의 땅을 일일이 다스리기 어려우니 자신을 대리하는 부왕을 세워 대신 다스리게 했지요. 그 부왕이 다스리는 지역이라 해서 부왕령이라고 불렀고요. 누에바그라나다 부왕령 지역에는 오늘날의 콜롬비아, 파나마, 에콰도르, 베네수엘라가 속해 있었어요. 부왕령이라지만 본국 스페인보다도 훨씬 넓은 영토였습니다.

볼리바르는 이곳에서 크리오요 신분이었습니다. 크리오요는 백인은 백인인데, 스페인 본토가 아닌 라틴아메리카 대륙에서 태어난 사람을 가리키는 말이에요. 이 크리오요들은 라틴아메리카 여러 나라의 독립을 이해하는 데 아주 중요합니다. 19세기에 일어난 라틴아메리카의 독립을 이들이 주도했거든요. 그 바탕에는 크리오요라는 집단이 받았던 묘한 차별이 있습니다.

스페인의 지배를 받은 만큼, 라틴아메리카의 식민지 사회에서는 백인들이 가장 상류층을 차지하고 있었어요. 그중에서도 스페인 본국에서 온 사람들, 반도에서 왔다고 해서 페닌술라르라고 불린 이들이 가장 좋은 자리를 차지했지요. 이들은 스페인의 피가 인간을 우월하게 만든다는 등 이상한 주장을 펼치면서 혼혈인 메스티소와 자신들을 구별하려고 애썼습니다.

그런데 같은 백인이라도 라틴아메리카 땅에서 태어난 크리오요는 이 페닌술라르와 동등한 대접을 받지 못했어요. 정부, 군대, 교회의 고위직은 모두 페닌술라르가 차지했지요. 오직 스페인에서 태어났다는 사실만으로 이런 특혜를 누린 것입니다. 반면 아무리 아는 것이 많고 부유해도 크리오요는 고위 관직에 오를 수 없었습니다. 페닌술라르들은 크리오요가 같은 스페인 사람이기는 하지만 '라틴아메리카의 공기를 호흡하고 있기 때문에' 더 열등하다는 등 말도 안 되는 핑계를 들이대었지요.

실제로 스페인은 300여 년의 식민 통치 기간 동안 170명의 부왕을 임명했는데, 그중 166명이 페닌술라르였어요. 크리오요는 고작 4명에 불과했지요. 부모가 모두 스페인에서 태어났어도 그 자식이 라틴아메리카에서 태어났다면 부모와 자식의 신분도 달라져 버렸습니다. 그래서 당시 라틴아메리카의 페닌술라르들은 출산할 때가 되면 어떻게든 스페인으로 가서 아이를 낳으려고 애쓸 정도였지요. 이렇게 차별이 심하다 보니 크리오요들의 불만은 점점 높아만 갔습니다.

게다가 볼리바르가 태어난 시점에는 이미 식민지 지배가 약 300년 가까이 지속되던 때였어요. 그 긴 시간 동안 식민지에서 얼마나 많은 사람이 태어나 자랐겠어요? 그만큼 크리오요의 수도 많아졌지요. 이들은 페닌술라르와 다른, 자기들만의 정체성을 갖기 시작했습니다. '우리가 저들보다 못한 것이 무엇인가, 이 지역을 더 잘 아는 것은 우리들이다' 하는 생각도 커져 갔지요.

더군다나 당시 라틴아메리카의 위쪽에서는 미국이 벌써 영국으로부터 독립해서 공화제 정부를 세우고 있었습니다. 세상이 변화하고 있는데 라틴아메리카라고 해서 그런 변화에서 비껴가야 한다는 법은 없지요. 볼리바르는 누구보다도 그 사실을 마음 깊이 느낀 크리오요였습니다.

볼리바르의 결심

볼리바르는 1783년에 스페인 바스크 지방에서 온 이민자 집안에서 태어났지만 부모님과 오래 함께하지는 못했습니다. 일찍 부모님을 여의고 친척들 밑에서 자라야 했지요. 십 대 시절에는 유럽으로 유학을 가기도 했어요.

유럽에서 유학하는 동안, 볼리바르는 루소의 책에 깊이 심취했어요. 시몬 로드리게스라는 가정 교사를 통해 루소의 사상을 접했지요. 로드리게스는 루소의 책 『에밀』을 교과서로 삼아 볼리바르를 가르쳤어요. 루소는 계몽사상으로 유명한 철학자로, 프랑스 혁명에도 영향을 끼친 것으로 잘 알려져 있지요. 루소 덕분에 볼리바르는 '인간의 권리'에 대해 일찌감치 눈을 떴습니다. 유럽에서 유학을 마친 볼리바르는 열여덟 살에 한 여인과 결혼해 돌아왔는데, 안타깝게도 식을 올린 지 일 년도 안 되어 아내가 병으로 세상을 떠나고 말았어요. 그 뒤 볼리바르는 다시는 결혼하지 않겠다고 결심하면서 "라틴아메리카의 독립만이 나의 유일한 신부"라고 생각했다고 전해지지요.

어린 아내를 잃은 뒤, 볼리바르는 유럽을 다시 여행하며 라틴아메리카의 해방에 대한 생각을 본격적으로 정리해 나갔습니다. 이 무렵에 대해 이런 일화도 전해집니다. 볼리바르는 스물세 살 때 가정 교사였던 로드리게스와 함께 로마 외곽에 있는 사크로몬테 사원에 올랐어요. 이 언덕은 기원전 494년, 로마의 평민들이 귀족의 권위에 도전하기 위해 모인 장소라고 전해 옵니다. 그 언덕에 오른 볼리바르는 폐허 속에서 그 시절의 흔적을 되짚으며 하늘을 향해 양팔을 벌리고는 이렇게 맹세했다고 하지요.

"나 자신의 명예와 하느님의 이름과 조국의 이름으로 맹세하노니, 내 마음과 팔뚝은 스페인의 권력이 우리를 속박한 그 사슬을 깨뜨릴 때까지 한시도 쉬지 않을 것이다."[25]

그 결심은 로마에 이어 방문한 프랑스에서 다시 한번 확고해집니다. 프랑스에 갔을 때 볼리바르는 나폴레옹의 대관식에 초청을 받았어요. 당시만 해도 나폴레옹은 유럽 청년들의 우상이나 다름없었습니다. 해방과 평등이라는 프랑스 혁명의 정신을 전 유럽에 퍼뜨리는 동안, 진보를 꿈꾸는 청년들의 큰 환호를 받고 있었지요.

하지만 나폴레옹은 그 모든 환호를 배반하고 그 스스로 프랑스 황제임을 선포하지요. 나폴레옹은 공화국을 무너뜨리고 군주가 되었습니다. 그전까지 나폴레옹에 호감을 갖고 있던 볼리바르에게는 도무지 인정할 수 없는 사건이었습니다. 결국 볼리바르는 나폴레옹의 초대에도 불구하고 대관식에 불참하기로 결심하지요(당시 대관식에 참석하지 않은 사람이 볼리바르 외에 한 사람 더 있었어요. 바로 나폴레옹의 어머니지요. 나폴레옹의 어머니조차 아들의 행동이 어리석은 짓임을 잘 알고 있었던 것입니다).

유럽이라는 '구세계'에서 희망을 발견하지 못한 볼리바르는 이번에는 미국행 배에 오릅니다. 당시 미국은 영국으로부터 독립해 아메리카합중국이라는 자신들만의 나라를 세우고 한창 나라를 정비해 가고 있었지요. 자신들의 일에 바쁜 나머지 라틴아메리카에서 온 젊은 청년을 눈여겨보는 이는 없었지만, 고독한 와중에서도 볼리바르는 라틴아메리카도 어서 독립해 합중국을 세워야 한다는 생각을 더욱 가다듬었습니다. 1807년에 고향으로 돌아온 뒤, 볼리바르는 그 결심을 본격적으로 실행에 옮기기 시작했지요.

절호의 기회

독립의 기회는 의외로 손쉽게 찾아왔어요. 아이러니하게도 나폴레옹 덕분이었지요. 황제로 등극한 나폴레옹이 1808년에 식민지 본국인 스페인에 쳐들어와서 황제인 카를로스 4세를 쫓아내고, 자신의 형인 조제프 보나파르트를 왕위 계승자로 임명해 버렸습니다. 그리고 이에 반대하는 스페인 사람들을 무참하게 처형해 버리지요.

나폴레옹의 침략에 분노한 스페인 사람들은 카디스라는 곳에 모여서 일종의 임시 정부를 만듭니다. 카를로스 4세의 아들인 페르난도 7세를 합법적인 통치자로 세우지요. 하지만 나폴레옹은 그마저 가두어 버렸습니다. 스페인에 그야말로 커다란 권력의 공백이 생겨 버린 거예요. 졸지에 본국의 왕이 사라져 버리자 라틴아메리카에서는 일대 혼란이 일어났습니다. 부왕은 있는데, 그 부왕을 임명한 왕은 없는 이상한 상태가 되어 버린 겁니다. 곳곳에 있는 크리오요들은 이때가 독립의 뜻을 펼칠 절호의 기회라고 생각했습니다. 그래서 각지에서 독립 혁명의 불길이 거세게 타올랐지요.

"과달루페 성모여, 영원하라! 정부와 스페인 놈들에게 죽음을!"

1810년 9월 16일, 지금의 멕시코 지역에 있는 돌로레스이달고라는 작은 마을에서 가장 먼저 미겔 이달고 신부가 독립 전쟁을 선포했습니다. 대륙의 아래쪽인 오늘날의 아르헨티나 지역에서는 산 마르틴이, 중앙아메리카 쪽, 오늘날의 베네수엘라 지역에서는 시몬 볼리바르가 앞장서서 독립 운동을 이끌어 가지요. 그 후 약 15년 동안 곳곳에서 크

프란시스코 고야가 그린 〈1808년 5월 3일〉. 스페인에 쳐들어온 나폴레옹 군대의 학살을 묘사한 작품이다.

리오요들을 중심으로 한 독립 전쟁이 일어나게 됩니다.

홍미로운 것은 이 커다란 대륙에서 거의 동시에 여러 독립 전쟁이 시작됐다는 거예요. 같은 스페인 식민지로서 비슷한 상황에 처해 있었다고는 하지만, 함께 계획을 세우거나 시기를 합의한 것도 아닌데 일제히 독립 운동에 나서는 현상은 아주 특이하지요. 크리오요들은 서로 말하지 않아도 무언가 통하고 있었던 것일까요?

1810년 5월에는 부에노스아이레스 지역에서 스페인 군대가 쫓겨났고, 그해 7월에는 보고타 지역에서 스페인 군대가 손을 놓았습니다. 9월에는 칠레 지역도 함락되었습니다. 스페인 부왕과 그의 군대가 잇따라 독립군과의 전쟁에서 패했지요. 1811년, 볼리바르가 있는 베네수엘라 지역에서도 독립이 선포되며 제1베네수엘라 공화국이 탄생합니다.

그란콜롬비아 공화국이 탄생하기까지

하지만 마치 '얼음 위에 피운 모닥불'처럼, 손쉽게 얻은 독립은 금세 무너지고 말았습니다. 베네수엘라가 독립을 선포한 바로 이듬해, 스페인 본국이 다시 반격을 해 왔고 1812년에 베네수엘라는 다시 식민지로 전락하고 말았습니다. 비록 프랑스의 침략을 받았다고는 하지만, 스페인 본국은 여전히 막강한 군사력을 갖고 있었어요. 손쉬운 패배의 원인에는 당시 독립에 앞장섰던 크리오요들의 유약함도 있었습니다. 아직 독립에 대한 확고한 신념이 부족했기에 이들은 스페인이 다시 강해질 것 같은 모습을 보이자 쉽게 백기를 들고 말았습니다.

왜 독립에 실패했는지 깊이 성찰한 볼리바르는 무엇보다 강력한 중앙 정부가 필요하다는 답을 얻었습니다. 이제부터의 독립은 누에바그라나다 전체를 포괄하는 새로운 통합 공화국을 향한 투쟁이어야 한다고 굳게 마음먹지요. 그리고 1813년에 다시 독립 전쟁에 나서 3개월간의 치열한 전투 끝에, 마침내 그해 8월에 베네수엘라의 수도 카라카스를 탈환합니다. 그리고 제2베네수엘라 공화국을 선포하지요. 이때부터 볼리바르는 '해방자'라는 영예로운 별명으로 불리게 됩니다. 두 번째 독립은 성공하는 듯 보였습니다.

하지만 이듬해 유럽에서 나폴레옹이 전쟁에 지고, 스페인에서 선왕의 아들인 페르난도 7세가 다시 왕이 되면서 사정이 달라졌습니다. 정국을 수습한 스페인은 식민지를 그대로 두지 않았고, 볼리바르가 세운 제2베네수엘라 공화국도 다시 허물어지고 말았지요. 볼리바르는 쫓기는 신세가 되어 자메이카로 망명했습니다.

자메이카에서 볼리바르는 말 그대로 '와신상담'을 했어요. 후에 '자메이카에서 보내는 편지'로 알려진 다양한 글을 쓰면서, 앞으로 어떻게 투쟁하고 독립하고 어떤 나라를 세워야 할지 깊이 고민하지요. 이때 라틴아메리카 전역을 통합하는 '연방 공화국'에 대한 원대한 구상도 하게 됩니다. 스페인이나 미국 같은 강국에 휘둘리지 않기 위해서는 라틴아메리카 여러 나라가 한데 힘을 모아야 한다는 생각이지요.

신세계를 이루는 부분을 서로 연결하고, 부분을 전체와 연결하여, 하나의 국가로 만드는 시도는 웅대한 구상이다. 기원, 언어, 관습, 종교가 같기 때문에 마땅히 여러 국가들을 연합시킬 하나의 정부를 가져야 할 것이다.[26]

독립에 실패한 뒤에 좌절하지 않고, 오히려 더욱 담대한 꿈을 그리는 면모는 과연 남아메리카의 해방자답지요? 자메이카에서 전열을 가다듬은 볼리바르는 다시 독립 투쟁에 나섭니다. 영국과 자메이카 등 여러 나라에 도움을 호소했지만 그 누구도 돌아보지 않던 때, 아이티라는 작은 나라에서 기꺼이 손을 내밀어 주지요. 아이티는 당시 라틴아메리카 대륙 최초로 독립을 이룩한 나라였어요. 흑인 노예들이 반란을 일으켜 노예 출신을 대통령으로 세우고 공화국을 선포했지요. 아이티에 볼리바르가 방문하자 페티옹 대통령은 그를 국빈으로 대접하고는 원정대를 꾸릴 자금도 지원해 줍니다. 그리고 오직 한 가지만을 부탁했습니다.

"라틴아메리카의 노예를 해방해 달라."

페티옹 대통령은 자신처럼 검은 얼굴을 한, 대륙의 다른 흑인들을 위해 무엇이든 기꺼이 하고 싶었던 것입니다. 볼리바르는 그 약속을 지켰고, 군대와 함께 본토에 상륙하자마자 자신의 노예는 물론 모든 노예

● 라틴아메리카 최초의 독립 국가, 아이티

아이티는 원래 히스파니올라섬이라는 이름의 스페인 식민지였어요. 그런데 17세기 중반에 프랑스에서 이 섬의 서쪽 절반을 차지하고는 '생도밍그'라는 이름을 붙여 식민지로 만들었지요. 그런데 본국인 프랑스에서 혁명이 한창 벌어지던 와중에 이곳에 살던 노예들과 자유 흑인들이 봉기했습니다. 1791년부터 1804년까지 이른바 아이티 혁명이 일어나지요. 그리고 라틴아메리카 최초의 독립 국가가 1804년 1월 1일에 세워졌습니다. 아메리카 대륙 전체에서는 미국에 이어 두 번째로 만들어진 독립 국가이자 공화국입니다. 아이티 혁명은 전 세계에서 흑인 노예들의 반란이 성공을 거둔 전무후무한 사례지요.

의 해방을 선언합니다. 이 노예 해방 선언은 미국의 링컨보다 무려 47년이나 앞선 것이었지요. 해방된 노예들이 합류함으로써 볼리바르의 군대는 더욱 강성해졌습니다.

다시 독립 투쟁에 나선 볼리바르는 전략을 대담하게 바꾸었습니다. 기습 공격을 추진했어요. 누에바그라나다 부왕령 중에서도 변방인 베네수엘라 대신 부왕령의 수도인 보고타로 진군해야겠다고 판단하지요. 베네수엘라 지역은 수도와는 멀어도 항구가 있기 때문에 스페인군이 집결해 있었습니다. 군사적으로 이기기 어려워 보였지요. 물론 보고타로 가는 것도 쉽지는 않았습니다. 부왕령의 수도를 노린다는 것은 엄청난 모험이었지요. 하지만 그쪽이 더 승산이 있다고 판단한 볼리바르는 "2000년 전 알프스 산맥을 넘은 한니발"처럼, 대평원을 가로질러 안데스 산맥을 넘기 시작했습니다.[27]

보고타를 먼저 독립시킨다는 볼리바르의 전략은 적중했습니다. 허를 찔린 스페인군은 마침내 볼리바르에 패배하고 말았습니다. 보고타에서 첫 승리를 거둔 뒤, 볼리바르는 파죽지세로 연승을 거두어요. 베네수엘라를 해방시킨 다음에는 에콰도르로 가서 이곳도 해방시키지요. 페루와 볼리비아도 차례로 해방시켰어요.

이중 볼리비아만 자신의 부하였던 수크레 장군에게 맡기고 볼리바르는 콜롬비아, 베네수엘라, 파나마, 에콰도르를 합친 그란콜롬비아 공화국을 세워 스스로 대통령이 되었습니다. 또 그란콜롬비아 공화국에 들어가지 않은 페루에서도 대통령이 되었지요. 동시에 두 나라의 대통령이라니, 전무후무한 기록이지요? 이 여러 나라가 한때 같은 나라였던 적이 있었다니, 그 또한 흥미로운 사실이에요. 공화국을 세운 볼리바르는 자메이카에서 세운 계획대로 강력한 중앙 정부를 만들고자 했습니다.

바다에서 쟁기질을 하다

볼리바르는 원대한 꿈을 꾸었어요. 미국처럼 라틴아메리카 전체에 하나의 나라를 세우기를 간절히 바랐어요. 그것이 불가능하다면 최소한 그란콜롬비아 공화국만이라도 한 나라로 지속되기를 바랐지요. 그러지 않으면 다시 유럽 국가들에게 공격받을지도 모른다고 생각했거든요. 나날이 성장하는 미국도 점점 위협으로 다가왔어요. 실제로 20세기 내내 라틴아메리카의 여러 나라는 '미국의 뒷마당'이라는 모욕적인 표현으로 묘사될 만큼 미국에 많은 영향을 받았으니, 볼리바르의 걱정이 근거 없는 기우는 아니었습니다. 오히려 역사를 더 멀리 보는 혜안이었다고 해야겠지요.

하지만 통합을 꿈꾸는 볼리바르와 생각을 같이하는 사람들은 많지 않았습니다. 이 지역은 지리적으로 굉장히 넓었거든요. 한 나라 사람이라고 생각하기에는 너무나 많은 것이 달랐어요. 역사적으로 한 나라였던 적이 없었으니, 갑자기 한 나라 사람으로 사는 것이 어색한 것이 당연했지요. 게다가 오랫동안 각 지역에서 군림해 왔던 토호 세력들이 기득권을 내려놓는 것을 꺼렸어요.

여러 가지 이유가 겹쳐서 그란콜롬비아 공화국에는 다시 제각각 독립하려는 이들이 생겨났습니다. 자신의 오랜 꿈이 허물어져 가는 것을 지켜보며 볼리바르는 깊이 좌절했어요. 친구에게 보내는 편지에서 이런 이야기를 하지요.

"남아메리카의 자유를 위해 투쟁했던 당시, 우리는 바다에서 쟁기질을 했던 거야."[28]

결국 그란콜롬비아 공화국은 완전히 해체되고 말았습니다. 1830년에 베네수엘라가 가장 먼저 떨어져 나갔고, 그 뒤를 이어 1832년에는 콜롬비아가 독립을 선포하면서 에콰도르가 남게 되지요. 1903년에 콜롬비아에서 파나마마저 분리해 나갔어요.

그란콜롬비아 공화국의 해체는, 라틴아메리카에서 일어난 독립 운동의 성과와 한계를 동시에 보여 줍니다. 라틴아메리카의 독립은 민중들과 지배층이 함께 힘을 모아 이룩한 것이 아니라, 주로 크리오요라는 상류층의 주도로 이루어졌어요. 멕시코나 베네수엘라 등의 일부 지역에서는 민중들이 독립 운동에 가담하기는 했지만, 그런 지역은 많지 않았어요. 민중들로서는 그저 지배층만 다른 사람으로 바뀌었을 뿐 다른 변화가 없다고 느낄 법했지요.

만약 독립 운동에 많은 민중이 가담했다면 그란콜롬비아 공화국이 그토록 쉽게 해체되었을까요? 나라를 하나로 만들거나 혹은 둘로 쪼개는 일이 의외로 쉬웠던 것은 그런 결정이 일부 지배층의 합의나 판단에만 달려 있었기 때문입니다.

스스로도 자조했듯이 바다에서 쟁기질을 하는 것 같은 무모한 시도를 했다는 점 때문에, 볼리바르는 군사적으로는 현실적이었지만 정치적으로는 이상적이었다는 평가를 받아요. 하지만 그 꿈이 정말 몽상이기만 할까요? 비록 당대에는 통합의 꿈을 이루지 못했지만, 그 꿈은 오늘날까지 계속 이어지고 있습니다.

쿠바 독립의 아버지라 불리는 혁명가 호세 마르티는 늘 "우리의 아메리카"를 강조하면서, 미국에 맞서서 라틴아메리카 전체가 단결해야 한다고 주장했지요. 그 '하나의 라틴아메리카'에 대한 꿈이 바로 볼리바르에 뿌리를 두고 있습니다. 또 21세기의 유명한 정치 지도자로 꼽히는 베네수엘라의 전 대통령 우고 차베스와 브라질 전 대통령 룰라도 볼리바르의 꿈을 늘 기억했어요. 차베스는 집권 기간 동안 '미주볼리바르동맹'(ALBA)을 결성해 미국에 맞섰고, 룰라는 '남아메리카국가연합'(UNASUR)을 주도해 남아메리카 국가들의 단결을 도모했지요.

묘비에조차 "연방, 연방"이라고 적을 만큼 간절했던 볼리바르의 꿈은 오늘날 라틴아메리카 사람들의 마음속에 살아남아서, 이들이 자기 나라에만 갇히지 않고 라틴아메리카를 하나의 마을로 상상하는 데 힘을 실어 주고 있습니다. 더 넓은 동료애를 통해 이웃 나라와 손을 잡고 강대국에 맞서는 것이 정의롭다는 감각을 갖도록 만들고 있지요.

04

아마존과 안데스
자연의 축복, 자원의 저주

우리가 강에 대해 말할 때, 유럽 독자들은 기껏해야 2790킬로미터의 다뉴브강을 상상하면서 이 강이 가장 길다고 생각한다. 그래서 설명해 주지 않으면 그들은 길이가 5500킬로미터나 되는 아마존강이 실제로 존재한다는 것을 전혀 상상조차도 할 수가 없다. (……) 이와 동일한 현상이 '비'라는 말에서도 일어난다. 하비에르 마리미에르라는 프랑스 사람이 자국인들을 위해 서술한 바에 의하면 안데스 산지에는 5개월 간 지속될 수 있는 폭풍도 있다.[24]

이 글에서 콜롬비아의 소설가 가르시아 마르케스는 라틴아메리카의 자연을 묘사할 때 느끼는 표현의 어려움을 토로하고 있습니다. 동시에 라틴아메리카의 자연환경에 대한 유럽인들의 편견을 꼬집어 주고도 있지요. 과거 유럽인들은 인종에도 우열이 있듯이 자연환경에도 우열이 있다고 생각했습니다. 라틴아메리카의 자연이 유럽의 자연에 비해 열등하다고 보았지요. 그러다 보니 프랑스 사람 마리미에르처럼 라틴아메리카 자연환경을 괴이하고 인간이 살기 어려운 곳으로 묘사하기도 했어요. 그런 편견은 순전히 무지에서 비롯된 것이었습니다.

라틴아메리카는 그야말로 거대한 대륙입니다. 그런 만큼 지구상에 있을 법한 주요 기후대가 모두 존재하고, 지구상에 존재할 법한 모든 자연현상도 다 벌어지지요. 그러다 보니 최고의 옥토와 최고의 황무지가 공존하고, 만년설이 쌓여 있는 고산 지대와 엄청난 열기의 열대 우림 지대가 공존합니다. 마르케스가 엄살을 피울 만큼 경이로운 풍경도 적지 않지요.

가장 기름진 땅부터 가장 불모의 땅까지

라틴아메리카는 지리적으로 정확히 말하면, 미국과 멕시코 사이에 있는 리오그란데강에서 남아메리카 남단의 혼곶까지 길쭉하게 늘어선 거대한 땅에 카리브 제도까지 포함하고 있어요. 남북으로 약 10만 3000킬로미터이고, 동서로는 브라질에서 페루까지의 거리가 가장 긴데 5000킬로미터쯤 됩니다. 면적으로만 보면 유럽의 3배에 달하지요.

게다가 적도를 기준으로 온대부터 한대까지 길게 뻗어 있어서, 다양한 기후와 식생이 나타나요. 그 안에는 세계의 어떤 지역과도 비교할 수 없는 자연의 축복이 가득하지요.

라틴아메리카의 자연을 대표하는 안데스 산맥은 지구상에서 가장 긴 산맥이에요. 최고 6500미터에 달하는 수많은 산이 끝없이 이어 달리고 있지요. 남아메리카 12개국 중 안데스 산맥이 닿지 않은 곳은 우루과이, 파라과이, 브라질밖에 없어요. 그 외 모든 나라에 안데스 산맥이 뻗어 있으니, 얼마나 커다란 산맥인지 짐작하기도 어렵지요. 안데스 산맥은 일 년 중 대부분은 만년설로 덮여 있고, 가끔 화산 분출이 일어나요. 신생 산맥이라는 뜻이지요. 이 거대한 산맥이 교통이나 통신을 가로막는 바람에 안데스 산맥을 중심으로 국가와 국가, 지방과 지방이 나뉘어 있습니다.

🔴 세상의 모든 기후가 다 있는 라틴아메리카

라틴아메리카는 적도를 중심으로 위아래로 길게 뻗어 있어요. 많은 지역이 남반구와 북반구의 북회귀선과 남회귀선 사이에 있기 때문에, 라틴아메리카에는 지구상의 주요 기후대가 모두 나타납니다. 대륙 남쪽 끝에는 툰드라 기후까지 나타나지요. 라틴아메리카의 기후대는 크게 다섯 개로 나뉘는데, 고산 지대, 열대 밀림 지대, 사막 지대, 온대 해안 평야 지대, 온대 고원 지대가 그것입니다. 그중 앞의 세 기후대에는 인구가 희박하지만, 뒤의 두 기후대에는 많은 사람이 살았어요. 마야 문명을 제외한 모든 위대한 아메리카 문명들도 바로 이 두 기후대에서 발흥했습니다.

안데스에서 발원한 아마존강은 나일강 다음으로 세상에서 가장 길어요. 흔히 "나일강은 가장 길고, 아마존강은 가장 세다."라고 말하곤 해요. 그만큼 아마존강 유역의 규모가 크고 수량이 풍부하다는 뜻이지요. 남아메리카에 있는 여러 큰 강들은 모두 안데스 산지에서 시작해서 내륙을 뱀처럼 기어가다 대서양으로 흘러갑니다. 오리노코강은 베네수엘라를 가로질러서, 라플라타강은 아르헨티나와 우루과이를 거쳐서, 아마존강은 페루에서 시작해 브라질을 가로질러 대서양으로 향하지요.

또 아마존강은 세계 최대 규모의 열대 우림을 자랑해요. 바로 아마존 열대 우림이지요. 라틴아메리카를 잘 모르는 사람도 아마존이라고 하면 금세 나무가 빽빽하게 들어찬 밀림을 상상할 거예요. 아마존은 세계에서 가장 넓고 또 가장 다양한 생물이 살고 있는 우림입니다. 그 면적만 우리나라의 70배라고 하니 정말 어마어마하지요? 아마존에는 어찌나 나무가 많은지, 지구에서 만들어지는 산소의 약 20퍼센트가 이곳 아마존 밀림에서 만들어진다고 해요. 괜히 '지구의 허파'라고 부르는 것이 아니지요.

라틴아메리카에는 평원과 사막도 있습니다. 재미있는 건 세상에서 가장 비옥한 땅과, 세상에서 가장 척박한 땅이 모두 라틴아메리카에 있다는 사실이에요. 가장 비옥한 땅은 아르헨티나에 있는데, 바로 안데스 동쪽에 펼쳐진 평원인 팜파스예요. 팜파스 크기만 우리나라의 5배쯤 되지요. 그 커다란 땅에 발에 차이는 돌멩이조차 거의 없이 풀이 가득 자라니, 목축을 하기에 더할 나위 없이 좋아요. 지금도 대두, 해바라기, 밀을

페루의 도시 아레키파 근처에서 본 안데스 산맥

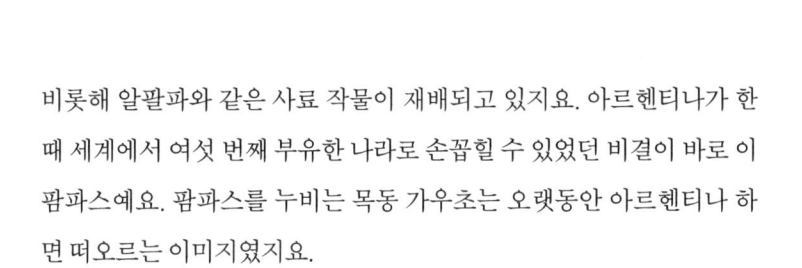

칠레 북부의 아리카로 가는 길에 있는 아타카마 사막

비롯해 알팔파와 같은 사료 작물이 재배되고 있지요. 아르헨티나가 한 때 세계에서 여섯 번째 부유한 나라로 손꼽힐 수 있었던 비결이 바로 이 팜파스예요. 팜파스를 누비는 목동 가우초는 오랫동안 아르헨티나 하 면 떠오르는 이미지였지요.

반면 가장 척박한 땅은 칠레에 있는 아타카마 사막이에요. 이곳은 세계의 사막 중에서도 가장 건조하기로 유명해요. 아프리카의 사하라 사막보다도 더 건조하다고 하니, 정말 건조하단 말로는 부족할 만큼 건조해요. 일 년 내내 거의 비가 내리지 않아서 그토록 메마른 땅이 되었다고 하지요.

지역과 기후가 다양하다 보니, 대륙 곳곳에는 재미난 지역들도 많아요. 그중 하나가 바로 우유니 소금 사막이에요. 우유니는 볼리비아 포토시주에 있는 사막으로, 말 그대로 소금으로 뒤덮인 사막이에요. 농담을 섞어 우주에서 보일 정도로 드넓다는 이곳은 세계에서 가장 넓고, 가장 높은 곳에 있는 소금 사막이지요. 해발 3650미터에 있고, 면적이 1만 2000제곱킬로미터에 달합니다. 강원도보다 훨씬 크지요. 추측하기로는 이 호수에 있는 소금이 100억 톤을 넘는다고 해요.

소금으로 된 사막도 신기한데, 더욱 신기한 것은 우유니 근처에 바다가 없다는 사실이에요. 소금은 바닷물에서 얻는데, 근처에 바다가 없다면 우유니의 소금은 대체 어디에서 온 것일까요? 학자들은 이 지역이 원래 바다였는데, 아주 오래전에 안데스 산맥이 융기하면서 바다였던 시절의 염류가 남아 지금의 소금 사막을 이루었다고 추측하지요.

끝없이 펼쳐진 소금 때문에 거리 감각이 희미해질 정도여서 이 지역을 여행하는 사람들은 곧잘 사진으로 장난을 치곤 해요. 원근감이 사라지기 때문에 커다란 바위를 먹는 사진이나 손가락 하나로 사람을 드는 모습 같은 재미난 사진을 연출할 수 있거든요.

브라질에 있는 이구아수 폭포도 장관이지요. 이구아수라는 말은 그 지역 원주민 말로 '큰 물'이라는 뜻이에요. 이구아수 폭포는 그 표현 그대로 정말 커다란 물이에요. 폭포의 높이만 80미터가 넘는데 아래로 떨

이구아수 폭포

어지는 물소리가 어찌나 큰지, 이구아수 폭포에 가까이 가기 전부터 벌써 우르릉 쾅쾅 하는 소리가 지축을 울린다고 해요. 브라질 하면 '삼바, 축구, 이구아수'의 세 가지를 꼽을 만큼 브라질이 자랑스럽게 여기는 곳입니다.

　　장대한 산맥, 광대한 열대 우림, 기나긴 강에 거대한 폭포까지 라틴 아메리카의 자연은 정말 풍요롭고 또 이채롭지요.

● 갈라파고스, 다윈에게 영감을 주다

다양한 기후만큼, 라틴아메리카에는 다양한 생물이 살아요. 이 대륙 생물들의 독특함은 다윈 이야기에서도 엿볼 수 있지요. 다윈은 갈라파고스의 동식물을 만나면서 진화론의 영감을 얻었거든요.

갈라파고스 제도는 오늘날 에콰도르에 속하는 섬입니다. 태평양 한가운데에 있지요. 과학자 찰스 다윈이 영국 해군의 배인 비글호를 타고 이곳으로 탐험을 간 것은, 1835년의 일이에요. 갈라파고스에 도착한 다윈의 눈에 들어온 것은 주로 새와 거북이였어요. 갈라파고스는 사람 없이 동식물들만이 살아온 섬인데, 재미있게도 큰 섬들에 사는 동물들 사이에 왕래가 없었어요. 오랫동안 따로 떨어져 살다 보니 같은 동물이라도 어느 섬에 사느냐에 따라 서로 모습이 달랐습니다. 산악 지대에 사는 거북이들은 발이 코끼리 발처럼 큼직하게 생겼어요. 그런데 해안가에 사는 거북이들은 발이 헤엄치기 좋은 지느러미처럼 생겼지요. 그 모습을 본 다윈은 생물은 자기가 사는 환경에 따라 진화해 가는 것일지도 모른다는 영감을 얻게 되지요(물론 그 당시에 곧바로 확실한 결론에 다다랐던 것은 아니었어요). 다윈은 『비글호 여행기』라는 책에서 갈라파고스에 대해 이렇게 묘사했습니다.

"우리는 지구상에서 새로운 생명체의 최초의 출현에 대한, 이 미스터리 중의 미스터리인 위대한 사실에 가까운 어떤 것을 가져온 것 같다."

갈라파고스에서 돌아오고 한참 후인 1859년에 다윈은 『종의 기원』을 출판했습니다. 우리가 알고 있는 '진화론'의 아이디어가 담긴 책이지요.

부가 있는 곳에 빈곤이 있다

라틴아메리카의 풍요로운 자연은 단지 풍광이 아름답다는 것에서 끝나지 않아요. 이 대륙에는 경제 발전에 꼭 필요한 천연자원도 아주 풍부해요. 오랫동안 라틴아메리카는 구리(멕시코, 칠레), 초석(칠레), 은(페루, 멕시코), 금(브라질), 다이아몬드(브라질), 주석(볼리비아) 등 다양한 광물의 주산지로 이름을 떨쳤습니다. 특히 안데스 산맥에는 은, 구리, 납, 주석, 아연 등이 잔뜩 매장되어 있지요. 앞서 이야기했던 식민지 시대의 은광 개발 붐이 괜히 일어난 것이 아닙니다. 남아메리카 북부 내륙에 있는 브라질 고원과 베네수엘라 고원 지대에도 광물 자원이 많아요. 다이아몬드를 비롯한 귀금속 광물, 망간, 니켈, 고품질 철광석이 매장되어 있지요.

앞서 아타카마 사막이 건조하기 이를 데 없는 불모의 땅이라고 말했지만, 이런 곳에조차 자원이 풍부해요. 칠레는 초석으로 유명한데, 그 초석이 바로 아타카마 사막의 땅 밑에 가득 숨어 있습니다. 또한 우유니 소금 사막에는 소금만이 아니라 '미래의 에너지'로 불리는 리튬이 녹아 있지요. 지구상에 있는 리튬 매장량의 절반가량이 이 소금층 아래에 녹아 있다고 해요. 휴대 전화는 물론이고 전기 자동차의 배터리를 만드는 핵심 자원인 리튬이 우유니 사막에 가득 매장되어 있다는 사실이 알려지면서, 우유니 사막은 단숨에 전 세계 기업들이 주목하는 곳이 되었습니다.

석유가 나는 나라도 있습니다. 베네수엘라, 멕시코, 에콰도르 지역입니다. 특히 베네수엘라는 석유로 큰돈을 벌어서 한때 '사우디 베네수엘라'라는 별명이 붙기도 했지요. 최근에는 브라질 대서양 연안에서 석유가 발견되기도 했어요.

아마존 역시 다양한 자원의 보고인데, 그중에서 특히 유명한 것은 고무나무에서 나는 고무입니다. 아마존의 고무와 관련해서 한 가지 재미있는 에피소드가 있어요. '자동차의 왕' 헨리 포드가 자동차 판매로 큰돈을 벌고 있을 때의 일이었어요. 포드는 벨트 컨베이어를 개발해 자동차 대량 생산의 시대를 연 인물이지요. 포드는 자동차를 만들 때 성공한 방식을 아마존의 고무나무 재배에 적용해 보기로 마음먹었어요. 아마존의 풍부한 고무나무에서 고무를 빠르고 저렴하게 생산할 수 있다면, 자동차 타이어 제조에 드는 비용을 크게 줄일 수 있다고 생각한 것이지요.

포드는 아마존강의 한 지류 일대에 미국의 코네티컷주만 한 땅을 구입했습니다. 그리고 '포들랜디아'라는 이름의 농장을 조성했지요. 포드는 벨트 컨베이어 위에 일정 간격으로 부품을 올리듯, 줄을 맞추어 고무나무를 빽빽이 심었어요. 그리고 고무나무가 자라기만을 기다렸습니다. 고무나무는 정말 쑥쑥 자라서 포드에게 큰돈을 안겨 주었을까요?

결과는 그 정반대였습니다. 고무나무들이 모두 병들어 죽어 버린 거예요! 포드의 거창한 계획은 몇 년 만에 실패로 돌아가고 말았습니다. 아마존강 유역이 고무나무의 자생지라 하더라도 고무나무끼리만 모여서 자라지는 않아요. 여러 나무와 뒤섞여 숲속 곳곳에서 자라지요. 나무 사이에 충분히 거리를 두고 자라야 병이나 해충의 증식을 효과적으로 막을 수 있거든요. 그것을 몰랐던 포드는 고무나무만 들입다 심는 바람에 보기 좋게 실패하고 말았지요. 벨트 컨베이어 시스템은 고무나무에는 적합하지 않았습니다.

헨리 포드의 일은 하나의 에피소드이긴 하지만, 포드가 이렇게 욕심을 낼 만큼 라틴아메리카는 풍부한 자원을 갖고 있습니다. 그런데 이런 사실을 알고 나면, 한 가지 의아해지는 것이 있어요. 이렇게 축복받은 자연환경을 갖추고 있는데 왜 수많은 라틴아메리카 사람들은 굶주리고 있을까요? 여전히 이들 나라에는 농기구조차 없는 농민, 아침에 출근할 일자리가 없는 노동자, 먹을거리가 없는 아이들이 살아요. 천연자원은 물론이고 옥수수와 감자, 밀 같은 곡식이 잘 자라는 땅이 있고, 비록 가격이 요동치기는 하지만 설탕, 카카오, 담배, 커피와 바나나 같은 세계적인 수출 농산물도 넘치는데 많은 나라가 아주 가난합니다.

이 특이하다면 특이한 현상에 누구보다도 안타까워하는 사람들은 당연히 라틴아메리카 사람들이겠죠? 이들은 이런 경구를 즐겨 쓰면서, 오늘의 처지를 자조하곤 해요.

"라틴아메리카는 황금 산의 꼭대기에 앉아 있는 거지이다."

또 이런 이야기도 합니다.

하느님이 세상을 창조할 때 콜롬비아에 정말 많은 것을 주었어요. 강, 산, 자원, 토양, 에메랄드, 코카까지 아낌없이 주었지요. 그러자 베드로가 불평했어요. "하느님, 너무 콜롬비아만 차별하는 것 아닌가요?" 그러자 하느님이 이렇게 말했습니다.

"기다려 봐라, 베드로야. 내가 그곳에 어떤 인간을 창조하는지."

이 서글픈 농담은 라틴아메리카의 거의 모든 나라 사람이 자원 이름과 나라 이름만 바꾸어서 입에 올리곤 합니다. 우스개치고는 쓸쓸하지요.

이들이 이런 서글픈 농담을 즐겨 하는 이유가 있어요. 바로 풍요로운 자연환경이 곧 거대한 불평등과 빈곤의 원인이기 때문입니다. 라틴아메리카에는 부가 있는 곳에 빈곤이 있어요. 자연의 부가 넘치는 곳에서 빈곤은 더욱 극적으로 나타나지요. 그런데 빈곤은 자연환경처럼 자연스러운 것은 아니에요. 인간의 사회 제도와 역사가 만들어 낸 인위적인 산물이지요.

천연자원으로 부를 쌓지 못한 이유

혹시 구아노라는 것을 들어 보았나요? 아마 들어 보지 못했을 거예요. 요즘에는 구아노를 비료로 사용하는 농부가 거의 없거든요. 구아노는 바닷새들의 똥이 굳어서 만들어진 덩어리예요. 이 구아노가 비료로 효과적이라는 것이 알려지면서 1841년부터 페루는 구아노를 수출해서 큰 이득을 보았어요. 하지만 그것도 잠깐, 금세 화학 비료가 개발되면서 구아노의 가격이 폭락했고 구아노의 시대는 순식간에 저물었지요.

비슷한 사례는 또 있어요. 칠레와 볼리비아, 페루는 초석을 두고 전쟁까지 벌일 만큼 치열하게 다투었어요. 결국 초석 광산을 차지한 칠레는 한때 초석으로 큰돈을 버는 듯했지요. 초석은 비료로도 훌륭했고, 1860년대에는 폭발물 재료로도 각광받았거든요. 하지만 초석의 시대도 금세 끝나 버렸습니다. 화학 비료가 시장을 장악했고, 폭발물의 재료로도 다양한 대체물이 나왔거든요.

라틴아메리카 천연자원들의 처지는 대부분 이러했어요. 그러다 보니 제조업을 발전시키는 대신에 천연자원이나 농산물 등 1차 산물을 수출하는 것에 몰두한 나라들은 번번이 낭패를 보았습니다. 특정한 광물이나 작물에 나라 경제의 운명을 맡겨 온 대가를 톡톡히 치러야 했지요. 영국과 미국 등 이들 나라의 천연자원을 수입하는 나라들은 이런 상황을 방치하거나 도리어 부추겼습니다. 헨리 포드가 욕심냈던 아마존의 고무도 마찬가지였어요. 1840년대 이후 마차, 자전거, 자동차에 고무가 쓰이면서 전 세계적으로 고무 수요가 급증했어요. 마나우스와 벨렝 같은 아마존 근처의 도시들이 고무 무역의 중심지로 크게 성장했지요.

고무의 시대는 쉽게 저물지 않았지만, 문제는 영국인들이 브라질 고무나무를 몰래 반출했다는 사실입니다. 그 고무나무를 말레이반도와 인도네시아에 심는 바람에 아마존 고무의 위상이 추락했지요. 게다가 1차 세계 대전이 끝날 무렵에는 합성 고무도 개발되었습니다.

이런 패턴이 19세기 내내 라틴아메리카에서 반복되었습니다. 특정한 천연자원이 수출되면서 경제가 살아나는 듯하지만, 기술이 발전해 대체물이 개발되거나 경쟁이 치열해지면서 금세 붐이 사그라들고 말지요. 라틴아메리카의 천연자원으로 돈을 버는 쪽은 오히려 유럽이었습니다. 당시 라틴아메리카 경제의 모습을 가장 잘 보여 주는 사례가 아르헨티나입니다. 아르헨티나는 19세기와 20세기 초에 너른 팜파스에서 목축을 크게 하면서 경제적으로 성장하기 시작했어요. 하지만 소가죽과 소고기를 내다 파는 무역이 계속될수록 돈을 버는 것은 오히려 영국이었습니다. 영국 무역업자가 영국 철도와 영국 무역선을 이용해 영국으로 소가죽을 옮기면, 영국 제조업자들이 가죽을 가공해 아르헨티나에 되팔았거든요. 팜파스를 누비는 목동들은 모자부터 신발까지 온통 영국산 물건을 걸치고 일했지요. 아르헨티나는 팜파스와 수많은 소 떼를 갖고 있었지만, 결국 영국의 식민지나 다름없는 신세가 되었지요.

라틴아메리카 국가들이 수출하는 농산물, 축산물, 광산물보다 선진국이 라틴아메리카 국가들에 수출하는 제조업 상품이 훨씬 이문이 남았습니다. 라틴아메리카 국가들은 세계 경제의 중심부에 있는 유럽 국가들이나 미국이 필요로 하는 연료나 농축산물을 계속해서 공급하는 주변부가 되고 말았습니다.

물론 모든 문제가 다 유럽과 미국의 탓은 아니에요. 라틴아메리카 사람들의 실수도 있습니다. 베네수엘라가 바로 그런 경우예요. 베네수엘라는 풍부한 석유 덕분에 1970년대까지 라틴아메리카에서 가장 잘 사는 나라로 손꼽혔어요. 특별한 산업 없이 석유만 내다 팔아도 큰 부를 이룰 수 있었지요. 특히 1970년대에는 두 차례에 걸쳐 오일 쇼크가 벌어지면서 베네수엘라에 막대한 부가 쌓였어요. 오일 쇼크는 국제적으로 석유 가격이 폭등해서 전 세계에 큰 혼란이 일어났던 사건을 일컫는 말이지요. 1970년에서 1974년의 4년 사이에 갑자기 유가가 7배나 치솟았어요. 석유는 주로 아랍 국가들에서 많이 나오는데, 아랍의 산유국들이 석유를 '무기화'하면서 석유 생산을 줄였거든요. 석유 없이는 자동차도, 공장도 움직이지 못하니 전 세계 모든 나라가 한동안 고통스러운 시절을 보내야 했지요.

하지만 베네수엘라는 오히려 이득을 보았습니다. 석유를 훨씬 비싼 값에 내다 팔 수 있게 되었으니, 나라의 금고가 갑자기 두둑해졌지요. 그런데 그 호황 속에서 배를 불린 것은 일부 극소수 계층이었어요. 석유 산업이 커지면서 늘어난 일자리는 권력이 있는 사람들이 먼저 차지했고, 국가의 부 역시 대학 무상 교육에 쓰였어요. 무상 교육이라고 하면 가난한 이들을 위한 정책처럼 보이지만 실상은 그렇지 않았습니다. 당시 베네수엘라는 국민의 절반 이상이 초등학교도 마치지 못한 상태였어요. 그런데도 초등학교나 중학교가 아니라 대학 교육을 무상으로 한다는 건 대학을 다닐 수 있는 소수의 중상류층에게만 혜택을 주겠다는 것과 다름없지요. 석유라는 특정한 자원에 의존하는 경제 구조도 문제지만, 거기서 얻게 된 소득을 매우 불평등하게 나눈 것 역시 문제였습니다. 결국 1980년대 들어 유가가 다시 곤두박질치자, 베네수엘라는 끝 모를 늪으로 빠져들었습니다.

유가가 고공 행진을 할 때는 오일 달러가 대거 들어오니 인플레이션이 생겨나서 베네수엘라의 제조업이나 농업이 침체에 빠졌지요. 외국에서 수입하는 것이 훨씬 저렴하거든요. 그러나 유가가 추락하면 식료품 수입업자들이나 상인들은 물건을 진열대에서 치우고 숨겨요. 값이 더 나갈 때 팔려고 기다리는 것이지요. 이렇게 경제 위기가 찾아오면 정부는 서민들의 허리띠를 더욱 졸라매게 했어요. 경제가 잘나갈 때도 별 혜택을 못 받던 가난한 사람들이 경제가 위기에 처할 때는 가장 먼저 고통을 겪게 되는 것이지요. 베네수엘라의 정치가들이 조금만 더 현명했더라면, 그래서 오일 쇼크 때 벌어들인 돈으로 좀 더 자국의 산업을 키워 나갔다면 어땠을까 하는 아쉬움이 남지요.

라틴아메리카에서는 자연이 많은 것을 베풀어 주는데도 그것이 도리어 가난의 원인이 되는 경우가 있습니다. 풍요로운 자원이 오히려 불평등과 빈곤을 낳는다고 해서, 학자들은 이러한 현상을 흔히 '자원의 저주'라고 불러요.

볼리비아는 그 현상이 가장 두드러지는 나라일 거예요. 볼리비아는 은부터 시작해 주석, 천연가스, 리튬까지 다양한 천연자원이 쏟아져 나오는 나라예요. 하지만 이 나라는 1인당 국내 총생산이 1720달러밖에 되지 않아요. 라틴아메리카 33개국에서 3번째로 가난한 나라입니다. 세계에서 가장 축복받은 땅에서 가장 가난한 이들을 만나는 것, 오늘날 라틴아메리카가 가진 가장 아이러니한 모습입니다.

05

체 게바라와 쿠바 혁명
혁명의 아이콘이 되다

1958년 12월 31일, 그해의 마지막 날, 쿠바 대통령 풀헨시오 바티스타는 심각한 위기감을 느꼈습니다. 이제 방법이 없다는 생각이 들었지요. 그간 자신을 후원해 주던 미국마저 등을 돌리고 심지어 망명하겠다는 요청까지 거절한 상황이었어요. 다급해진 바티스타는 대통령 금고에서 황급히 40만 달러를 꺼내 왔습니다. 그러고는 가족들을 모두 전용기에 태운 뒤, 이웃나라인 도미니카 공화국으로 도망쳤습니다.

1959년 1월 2일, 대통령이 도망가고 없는 수도 아바나로 게릴라 군이 들어왔습니다. "비바 라 레볼루시온!"(혁명 만세), "비바 쿠바!"(쿠바 만세)라고 외치면서 행진을 했지요. 2년 넘게 쿠바 외곽에서 벌인 게릴라 투쟁이 드디어 끝난 것입니다. 이른바 '쿠바 혁명'이 성공한 날이었지요. 아바나 사람들은 물론이고 쿠바 사람 대다수가 독재자를 쫓아낸 혁명가들을 환호하며 맞이했습니다.

쿠바 혁명은 카스트로 형제와 체 게바라라는 걸출한 혁명가, 그리고 그들과 함께한 이들을 통해 이루어졌어요. 그런데 흥미롭게도 체 게바라는 쿠바 사람이 아니에요. 아르헨티나 사람인데 쿠바를 뒤엎는 일에 뛰어들었습니다. 거기에는 20세기 이후 펼쳐진 라틴아메리카의 역사가 있습니다.

과테말라에서 목격한 미국

체 게바라는 1928년에 아르헨티나의 로사리오라는 곳에 살던 백인 이민자 집안에서 태어났습니다. 어릴 때부터 천식을 앓아서 몸이 약하긴 했지만, 유복한 어린 시절을 보냈지요. 무난히 고등학교를 졸업했고 의사가 되고 싶어서 1948년에 의대에 진학했습니다. 그리고 1952년, 의대에 재학 중이던 스물세 살 때 친구와 함께 오토바이를 타고 라틴아메리카 대륙을 가로지르는 여행을 떠나기로 합니다. 꽤나 낭만적인 계획이지요? 자동차도, 도로도 변변치 않던 시절이니 오토바이를 타고 가기로 했지요. 오토바이라고 좋은 것도 아니었어요. 체 게바라는 오토바이에 '포데로사', 우리말로 '힘 좋은 녀석'이라는 이름을 붙여 주었지만 이름과는 정반대로 털털거리는 낡은 오토바이였어요. 그래도 체 게바

체 게바라(왼쪽)와 피델 카스트로(1961년)

라와 친구까지 두 명이 타고 다니기에는 그런대로 쓸 만했지요.

체 게바라는 이 오토바이를 타고 본격적으로 세상 구경에 나섰습니다. 첫 번째 라틴아메리카 여행이었지요. 체 게바라는 아르헨티나를 시작으로 칠레, 페루, 에콰도르, 콜롬비아, 베네수엘라, 파나마까지 약 8000킬로미터를 달려 여행했습니다. 무작정 달리기만 한 것은 아니고, 곳곳에서 여러 사람을 만나며 많은 이야기를 나누어요. 페루의 나환자 촌에 들렀을 때는 인턴 의사로서 환자들을 돌보기도 하지요.

여행은 청년들을 부쩍 어른스럽게 만들어 주었습니다. 국적이 다른 사람들을 두루 만나면서 체 게바라는 아르헨티나라는 자기 국적에만 갇히지 않는 너른 시야를 갖게 되었습니다. 남아메리카 대륙 전체에서 벌어지는 일에 관심이 생기고, 그곳에서 살아가는 사람들에게 인류애를 갖게 된 것이지요. 후에 체 게바라는 "남아메리카 어느 곳에서도 나

● 게릴라는 누구일까?

'게릴라 콘서트', '게릴라 극장'과 같은 표현들을 통해 게릴라라는 단어가 어느덧 친숙해졌지요. 게릴라는 원래 스페인어로 '소규모 전투'라는 뜻이에요. 정식 군인이 아닌 민간인들이 스스로 무장해서 펼치는 전투를 말하는데 프랑스 혁명 시절에 스페인에 게릴라가 출현하면서 알려지기 시작했지요.

게릴라가 본격적으로 유명해진 것은 쿠바 혁명을 통해서입니다. 체 게바라와 카스트로가 바로 대표적인 게릴라입니다. 쿠바 혁명 이후 라틴아메리카 곳곳에서 산이나 정글에 몸을 숨긴 채 독재 정부에 대항하는 이들이 많아졌지요.

자신을 이방인이라고 생각해 본 적이 없다."라고 썼어요.[29]

여행에서 느낀 것은 또 있었습니다. 체 게바라는 라틴아메리카의 슬픈 현실을 직접 눈으로 목격하고, 무언가 변화가 필요하다는 생각을 하게 됩니다. 그 생각은 두 번째로 떠난 여행에서, 과테말라에서 목격한 장면을 통해 좀 더 강해지고 구체화되었어요. 체 게바라가 1953년, 과테말라에 도착했을 때 과테말라는 마침 하코보 아르벤스구스만이라는 개혁적인 대통령이 재임하던 시기였어요. 아르벤스구스만 대통령은 의욕적으로 토지 개혁을 추진하고 있었습니다. 극소수의 대지주가 갖고 있던 땅 중에서 당장 경작하지 않는 '노는' 땅들을 국가가 사 들여 다시 농민들에게 나누어 주는 개혁이었지요. 어차피 사용하고 있지 않은 땅을 나누어 주는 것이니 개혁 치고는 아주 온건한 개혁이었습니다.

과테말라뿐만 아니라, 라틴아메리카의 여러 나라에서는 토지 문제가 오랫동안 골칫거리였습니다. 식민지 시기를 거치면서 광대한 영토를 차지한 지주들이 생겨났고, 이들의 횡포가 극심했거든요. 수많은 농민들이 소작농이 되어 팍팍한 삶을 살아야 했지요. 아르벤스구스만 대통령은 이런 문제를 해결하기 위해 개혁에 박차를 가했습니다. 대지주의 딸이었던 영부인도 결혼할 때 가져온 땅을 기꺼이 내놓았습니다. 남편을 돕기 위한 것만이 아니었어요. 영부인 또한 토지 개혁을 해야 한다고 적극적으로 주장해 온 사람이었지요.

하지만 이 개혁은 미국의 개입 때문에 한순간에 좌초되고 말았습니다. 과테말라의 땅을 소유한 대지주 중에는 미국의 과일 회사인 유나이

아르헨티나의 도시 코르도바에 있는 알타그라시아 마을 입구.
천식을 앓던 체 게베라가 유년기에 요양했던 곳으로, 입구에 체 게바라의 사진이 있다.

티드프루트도 있었어요. 이 회사는 노는 땅을 많이 가지고 있었지요. 이 대로 있다간 그 땅들이 고스란히 과테말라 농민들에게 분배되게 생기 자, 유나이티드프루트는 미국 정부에 개입해 줄 것을 요청합니다. 미국 정부는 과테말라 출신의 망명자들을 설득해서 무장 집단을 꾸리게 한 뒤 과테말라로 보내어 대통령을 몰아내도록 합니다. 결국 아르벤스구 스만 대통령이 쫓겨나기에 이르지요. 미국이 자국 회사의 이익을 위해 과테말라 정부를 뒤흔든 것입니다.

당시 과테말라에 머물던 체 게바라는 이 과정을 빠짐없이 지켜보았습니다. 제아무리 좋은 뜻을 품은 대통령일지라도 미국의 반대 앞에서는 속절없이 무너지고 만다는 것을 알게 되었지요. 미국은 라틴아메리카 사람들이 더 정의롭고 풍요롭게 사는 것을 원할까? 아니면 라틴아메리카 사람들이야 어찌 되든 미국의 이익만 챙기면 된다고 여길까? 그간의 역사를 보면, 그리고 지금 눈앞에 펼쳐진 과테말라의 풍경을 보면 결코 미국이 라틴아메리카의 진정한 친구 나라라고 생각할 수 없었습니다. 오히려 그 반대에 가까웠지요.

신과는 너무나 먼데

"불쌍한 멕시코, 신과는 너무나 멀고, 미국과는 너무나 가깝다."

흔히 멕시코와 미국의 관계를 설명할 때 이런 표현을 쓰곤 합니다. 우리를 도와줄 신은 너무나 먼데, 가까이 있는 미국은 우리를 너무나 괴롭힌다는 뜻이지요. 어느 멕시코 정치가가 처음 이야기한 이 표현은 비단 멕시코뿐만 아니라 19세기 이후 미국과 라틴아메리카의 관계를 잘 압축하고 있어서 지금까지도 널리 쓰이곤 합니다.

미국은 잘 알려져 있다시피 아메리카 대륙에서 처음으로 만들어진 독립 국가입니다. 영국에서 독립한 뒤, 13개 주의 연방 국가로 시작한 나라지요. 이후 남북 전쟁을 치르며 한 차례 위기를 겪기도 했지만, 그

위기를 산업 국가로 발돋움하는 계기로 만들며 하루가 다르게 성장해 갔어요. 아메리카 대륙에서 가장 먼저, 가장 강력한 국가가 된 미국은 호시탐탐 그 아래쪽 땅을 노렸습니다. 과거 제국주의 국가들이 세계 곳곳에 식민지를 만들었던 것처럼 가까이 있는 라틴아메리카 대륙을 자신의 것으로 만들고 싶어 했지요.

그것을 위해 가장 먼저 한 일은 미국과 국경을 맞대고 있는 멕시코에서 영토를 빼앗아 오는 일이었습니다. 1846년에 벌어진 미국-멕시코 전쟁을 통해서였지요. 당시 멕시코는 스페인에서 벗어난 직후 나라를 건설하느라 혼란스러운 상황이었어요. 미국은 그 틈을 타서 전쟁을 일으켜 땅을 빼앗았지요. 그 결과 당시 멕시코의 영토였던 캘리포니아의 절반, 뉴멕시코와 애리조나 땅이 미국의 차지가 되었습니다. 당시 멕시코 영토의 절반에 가까운 엄청난 땅이었어요. 미국에서는 이 일을 '서부 개척'이라고 하지요. 하지만 땅을 빼앗긴 멕시코 입장에서는 '북부 강탈'이나 다름없었어요. 그래서 오늘날 멕시코 사람들은 이들 지역을 방문할 때 "빼앗긴 영토를 되찾으러 간다."라며 농담을 던지곤 합니다.

미국은 쿠바에서도 땅을 빼앗았어요. 미국 군사 기지인 관타나모 기지가 있는 관타나모도 원래 쿠바의 땅이었어요. 그런데 쿠바가 식민지 본국인 스페인에 대항해 독립 전쟁을 벌이자, 미국은 그 틈에 끼어들어 쿠바를 돕고는 전쟁이 끝나자 관타나모 땅을 조차해 달라고 요구했어요. 관타나모를 주지 않으면 미군을 쿠바에서 철수하지 않겠다고 협박했지요. 쿠바는 울며 겨자 먹기로 관타나모를 내줄 수밖에 없었습니다.

한편 파나마에서는 그 유명한 파나마 운하를 빼앗았어요. 파나마 운하는 태평양과 대서양을 잇는 가장 빠른 바닷길이었어요. 군사적으로도 요충지여서 미국뿐만 아니라 세계 여러 나라가 탐을 냈지요. 미국은 힘을 앞세워 파나마 운하도 자기 것으로 만드는데, 그 과정은 정말 드라마틱해요. 파나마 운하를 빼앗기 위해 아예 파나마라는 나라를 만드는 데 일조하거든요! 파나마 운하가 계획되었을 당시, 파나마는 아직 독립 국가가 아니라 콜롬비아의 땅이었습니다. 운하는 콜롬비아에 건설될 계획이었지요. 그런데 그 와중에 콜롬비아에 내전이 일어났고, 내전이 끝나 갈 즈음 오늘날의 파나마가 있는 지역에서 독립 운동이 일어났어요. 그러자 미국은 재빨리 이 독립 운동을 지원해 파나마를 독립 국가로 만들고는 파나마가 갖게 된 파나마 운하 운영권을 챙겨 왔지요. 파나마로서는 결코 빼앗기고 싶지 않았지만, 이제 막 독립한 작은 나라에 불과했던 파나마로서는 미국이 요구하는 불공정 조약을 받아들일 수밖에 없었습니다.

미국은 땅만 빼앗은 것이 아니라 다양한 방식으로 라틴아메리카 여러 나라에 자신의 세력을 확대해 갔습니다. 특정 작물만 재배하도록 강요해서 경제적으로 깊이 의존하게 만드는가 하면, 정치적으로는 미국에 우호적인 인물들을 적극 후원하는 식이었지요. 이런 상황을 두고 훗날 학자들은 새로운 식민지라는 뜻으로, '신식민지'라고 불렀습니다. 제국주의 시절의 식민지와는 형태가 다르기는 하지만 실질적으로 큰 영향력을 행사한다는 점에서 식민지와 다름없다는 뜻이지요. 라틴아메리카의 많은 나라는 겉으로는 주권 국가처럼 보였지만 경제적으로나 정치적으로 미국에 종속되어 갔습니다.

라틴아메리카 사람들 입장에서는 '늑대 피하자 호랑이를 만난 격' 이었어요. 300년이 넘도록 이 대륙을 지배했던, 스페인을 비롯한 유럽의 제국주의 국가들에서 벗어나 이제야 독립하나 싶었는데, 독립하자 마자 미국이 마수를 뻗어 온 셈이니까요. 미국의 신식민지와 같은 상황은 체 게바라가 살던 20세기 중반까지도 계속되었습니다.

이런 사실을 알고 나면 왜 체 게베라가 과테말라에서 그토록 미국에 분개했는지 이해할 수 있습니다. 체 게바라는 미국이 라틴아메리카에서 일어나는 어떠한 변화와 개혁도 돕지 않을 것이라는 생각에 절망했습니다. 그러니 라틴아메리카 사람들은 미국에 대항하기 위해 힘을 한데 모아야 한다고 생각했어요. 체 게바라 자신 역시 미국 때문에 고통을 겪는 곳이라면 어느 곳이든 가서 싸우겠다고 결심합니다.

그러던 와중에 멕시코에서 카스트로 형제와 운명적으로 조우합니다.

🔵 체 게바라의 '체'는 이름이 아니다?

흔히 체 게바라라고 부르지만 '체'는 게바라의 본명이 아니에요. 그의 본명은 '에르네스토 게바라 데 라 세르나'입니다. '체'는 게바라의 별명이에요. 사전을 보면 '체'는 리우데라플라타 지방(아르헨티나의 부에노스아이레스와 우루과이의 몬테비데오가 속한 지역)에서 주로 쓰는 말로, 사람을 부를 때나 놀랄 때 쓰는 말이에요. 우리말로는 "어이", "이봐." 정도로 번역할 수 있겠지요. 게바라가 아르헨티나에서 왔다고 해서 친근하게 '체'라고 부르던 것이 마치 이름처럼 굳어진 것이지요.

과테말라를 떠나 잠시 멕시코에 들른 체 게바라는 쿠바에서 온 카스트로 형제를 만나게 됩니다. 카스트로 형제는 고국인 쿠바에서 막 큰일을 치르고 망명을 온 참이었어요.

카리브해에 오밀조밀하게 모여 있는 10여 개 나라 중에서 쿠바는 가장 큰 나라입니다. 또 라틴아메리카의 이른바 '신식민지 국가' 중에서 가장 대표적인 국가이기도 했어요. 바로 옆에 있다 보니 미국이 일찌감치 눈독을 들였거든요. 우선 쿠바의 대통령부터 못 말리는 친미파였습니다. 당시 쿠바 대통령이었던 풀헨시오 바티스타는 대통령에 당선될 때부터 미국을 등에 업고 있었어요. 그 이전 정권이 너무 개혁적이라 마음에 들지 않았던 미국은 바티스타에게 반란을 일으키라고 부추겼고, 바티스타는 미국의 지원을 받아 반란에 성공해 권력을 쥐었어요. 그래도 처음에는 정치를 잘하는가 싶었는데, 1952년에 두 번째로 대통령이 되었을 때는 잔혹한 독재자가 되고 맙니다. 부정부패로 자기 재산을 늘리는 데만 혈안이 되었지요.

당시 쿠바 국민들의 삶은 열악하기 짝이 없었어요. 쿠바는 산업이라고는 사탕수수 농장밖에 없었기 때문에 대다수 국민들이 사탕수수 노동자로 일하고 있었는데, 문제는 이 농장에서는 일 년에 넉 달만 일할 수 있다는 것이었어요. 사탕수수 농장에서는 수확철에만 사람을 많이 고용했거든요. 애초에 임금도 적은 데다, 그나마 일 년 중 8개월은 실업자로 살아야 하니 국민들은 하루하루 궁핍한 생활을 이어 갔습니다.

쿠바의 수도 아바나에 있는 광고판. "우리의 혁명은 온 세상 사람들의 눈앞에서 등댓불처럼 반짝인다."라는 피델 카스트로의 말이 쓰여 있다.

하지만 대통령 바티스타는 이런 국민들을 나 몰라라 했지요. 국민들을 위한 복지 정책을 구상하거나 사탕수수 외에 다른 산업을 육성하려고 애쓰는 대신, 미국의 이익을 보호하는 데만 앞장섰어요. 쿠바의 사탕수수 농장과 제당소의 대다수가 미국인 소유였던 터라 미국에 조금이라도 손해를 끼치는 일은 절대로 하지 않았어요. 오히려 미국 지주들, 미국 부자들의 배를 불리는 일에만 신경 썼지요. 바티스타는 미국이 지원한 군사 쿠데타를 통해 쿠바 헌법을 배반하며 대통령이 되었던 터라 미국의 눈치를 볼 수밖에 없었지요. 국민들의 분노는 날이 갈수록 높아져만 갔습니다.

보다 못한 카스트로 형제는 비밀 결사를 만들어 독재 정권의 군대를 공격했지요. 1953년 7월에 독재 정권에 맞서서 몬카다 병영을 습격해 무기를 확보한 뒤 무장 투쟁을 하려고 했지요. 국민들에게 혁명을 꿈꾸는 이들이 있다는 것도 널리 알리고요. 하지만 이 투쟁은 실패하고 말았습니다. 119명이 함께한 투쟁에서 70명이 목숨을 잃었고, 카스트로 형제는 체포되어 재판정에 섰지요. 직업이 변호사였던 형 피델 카스트로는 재판에서 스스로 변호를 했는데, 그때 이런 말을 남겨요.

"역사가 나를 무죄로 하리라."

이 말은 훗날까지 많은 사람의 기억 속에 깊이 남았지요.

투쟁에 실패한 뒤, 카스트로 형제는 몰래 멕시코로 건너가 그곳에서 군사 훈련을 하면서 혁명을 준비하기 시작해요. 바로 거기서 체 게바라를 만납니다. 카스트로 형제와 체 게바라는 만나자마자 의기투합했습니다. '쿠바의 혁명이 곧 라틴아메리카 혁명의 서막'이라는 데 뜻을 모았지요. 그리고 마침내 1956년, 낡은 요트 그란마호를 타고 쿠바로 건너갔어요. 당시 배에 타고 있던 사람은 고작 80명이었지만 시간이 흐를수록 수많은 사람이 동참했고, 마침내 투쟁을 벌인 지 약 2년 2개월 만인 1959년에 쿠바에서 독재자 바티스타를 쫓아내는 데에 성공하지요.

카스트로는 이것을 정식으로 '쿠바 혁명'이라고 선언합니다. 냉전 시대에 아메리카 대륙에서 일어난 최초의 혁명이었지요. 혁명으로 쫓겨난 독재자 바티스타가 지독한 친미파였기 때문에 세계의 많은 사람

🌑 20세기 최초의 혁명, 멕시코 혁명

쿠바 혁명 이전에 멕시코에서도 혁명이 일어난 적이 있어요. 쿠바 혁명이 냉전 시대에 아메리카에서 일어난 최초의 사회주의 혁명이라면, 멕시코 혁명은 20세기 최초의 혁명이었습니다. 멕시코 혁명 역시 독재 정권에 대한 반발로 일어났습니다. 1910년에 포르피리오 디아스라는 독재자가 부정 선거로 당선되자 프란시스코 마데로라는 변호사가 그에 반대해 국민들에게 봉기하라고 호소해요. 그 호소에 대한 응답으로 멕시코 북부에서는 판초 비야가, 남부에서는 에밀리아노 사파타가 수많은 농민과 노동자와 함께 봉기하지요. 대지주 아래에서 불평등과 빈곤에 허덕이던 이들이 기꺼이 동참한 거예요. 이후 독재자 대통령은 외국으로 망명하고 마데로가 대통령직에 오릅니다. 혁명은 무난히 성공하는 듯 보였지요.

하지만 그 직후 마데로는 정적에게 죽임을 당해요. 졸지에 새 대통령을 잃은 이들은 2차 혁명에 돌입하고, 그 후부터 지주에게 빼앗긴 땅을 되찾거나 직접 농민들에게 땅을 분배하는 방식으로 더욱 본격적인 혁명을 추진합니다. 판초 비야는 고향 마을에 학교만 160여 개를 세웠다고 하지요. 혁명의 결과로 당시 멕시코는 세계에서 가장 진보적인 헌법도 만들게 됩니다. 의무 교육과 무상 교육, 국적에 따른 차별 금지, 정교 분리 등의 내용이 담겨 있던 이 헌법은 1919년에 만들어진 독일의 바이마르 헌법과 1918년에 만들어진 러시아 헌법의 모델이 되었다고 하지요. 이 혁명은 현대사의 시작을 알린 혁명으로 평가받고 있습니다.

멕시코는 지금까지도 그 혁명 정신을 이으려고 노력하고 있어요. 멕시코의 도시 곳곳에 '에밀리아노사파타대로', '혁명로'처럼 혁명을 기리는 이름이 가득하지요.

은 카리브해의 '다윗' 쿠바가 '골리앗' 미국에 맞서 혁명을 일으킨 것으로도 해석했어요. 카리브해에서는 가장 큰 나라라고 하지만 라틴아메리카 전체에서 보면 아주 작은 나라인 쿠바에서 이룬 성공은 깜짝 놀랄 만한 일이었습니다. 미국의 영향력에서 벗어나고자 했던 라틴아메리카 사람들의 열망을 작은 쿠바가 실현해 준 셈이지요.

혁명 직후 카스트로 형제는 차례로 국가 지도자가 되었고 토지를 나라의 소유, 혹은 협동조합 소유로 함으로써 대지주와 소작인 간에 발생하는 많은 문제를 해결하려고 애썼습니다. 쿠바 안에 있는 미국 소유 기업들도 국가의 소유로 돌림으로써 기업들의 횡포를 막고자 했지요. 또 국민들에게 무상 교육과 무상 의료 서비스를 제공했어요. 지금도 쿠바의 국립 대학들은 등록금을 받지 않아요. 병원도 마찬가지지요.

여전히 과제는 많이 남아 있지만, 쿠바는 혁명 국가로서 자긍심을 잃지 않으려고 애쓰고 있습니다.

20세기의 위대한 혁명가

혁명에 성공한 뒤, 체 게바라는 어떻게 되었을까요? 혁명의 일등 공신이니 비록 외국이지만 쿠바에서 계속 살면서 쿠바 사회를 바꾸는 데 힘썼을까요?

혁명 직후에 체 게바라는 쿠바의 국립은행장을 맡아서 쿠바 경제를 개선해 갔습니다. 하지만 1965년 3월에 돌연, 혁명 동지인 카스트로에게 편지 한 장만을 남기고 홀연히 콩고로 떠나요. 라틴아메리카를 넘어 아프리카의 콩고에도 혁명이 시급하다고 느꼈기 때문입니다. 당시 콩고는 내전이 한창이었는데, 체 게바라는 이 내전에 참여해 도왔습니다.

그 후에 다시 라틴아메리카로 돌아와서 이번에는 볼리비아로 갑니다. 볼리비아는 당시만 해도 라틴아메리카에서 가장 가난한 나라였어요. 그만큼 고통받는 사람이 많은 곳이었지요. 또 볼리비아는 브라질, 칠레, 아르헨티나 등 여러 나라와 국경을 맞대고 있는 나라이기도 했어요. 라틴아메리카 전역에 혁명을 전하고 싶었던 체 게바라가 보기에, 볼리비아는 그 일을 시작하기에 좋은 위치에 있었지요. 하지만 볼리비아에서 체 게바라는 미국의 지원을 받은 볼리비아군에 사로잡혔고 그 자리에서 죽음을 맞이하게 됩니다. 서른아홉의 나이였지요. 라틴아메리카 전부를 해방하고자 했던 젊은 혁명가는 그렇게 세상과 작별했습니다.

많은 사람이 20세기의 가장 위대한 혁명가로 체 게바라를 이야기합니다. 쿠바 혁명에 성공하고도 그에 안주하지 않고 바람처럼 이곳저곳을 누비며 꿈을 펼치고자 했던 체 게바라의 패기와 혁명 정신은 오늘날에도 많은 젊은이의 가슴을 뜨겁게 만들고 있습니다.

06

룰라와 무히카
가난한 이들의 벗이 된 정치가

유토피아는 어떤 곳일까요? 흔히 유토피아는 가장 완벽하고 평화로운 세상을 일컫습니다. 크게는 전쟁이 없는 세상부터 작게는 시험이 없는 세상까지, 각자가 꿈꾸는 유토피아는 모두 다르겠지요. 전 브라질 대통령 루이스 이나시우 룰라 다시우바는 유토피아를 이렇게 설명했습니다.

> "어떤 이들에게 유토피아는 생애 처음 먹어 보는 강낭콩 한 접시이고, 생애 처음 갖는 일자리이며, 생애 처음 받아 보는 진료이고, 생애 처음 가 보는 학교이다."

유토피아의 정의가 참 소박하지요? 그런데 '강낭콩 한 접시'라는 유토피아를 브라질에 건설하는 일은 결코 소박한 일이 아니었습니다. 룰라가 브라질 대통령이 되었을 때 브라질 국민의 세 명 중 한 명은 하루 세 끼를 먹을 수 있을지 걱정해야 할 만큼 가난했기 때문입니다. 이들이 하루 빨리 더 나은 삶을 살 수 있도록 하는 것, 이것은 룰라 대통령이 당장 해결해야 할 과제이자 원대한 꿈이었습니다.

헬리콥터로 출근하는 사람들

쿠바 혁명 이후, 20세기 후반기 내내 라틴아메리카의 많은 나라는 미국을 등에 업은 독재 정권 아래에서 시름했습니다. 칠레의 피노체트, 도미니카 공화국의 트루히요, 니카라과의 소모사, 아이티의 뒤발리에, 아르헨티나의 비델라 같은 독재자들은 잔혹하기 이를 데 없는 통치로 전 세계에 악명을 떨쳤지요. 지금까지도 라틴아메리카 하면 이들 독재자의 이름부터 떠올리는 사람들이 있을 정도입니다.

하지만 수많은 이들이 독재와 맞서 싸웠고, 그 노력에 힘입어 1980년대에 들어서 많은 나라가 민주화를 이루었지요. 그 후 개혁적이고 민주적인 정치가들이 속속 나타나기 시작했습니다. 룰라부터 베네수엘라의 우고 차베스, 우루과이의 호세 무히카까지 독특한 철학과 가치관을 가진 정치가들이 등장해 이전과는 다른 라틴아메리카를 만들어 가고 있지요. 특히 이 세 대통령은 각기 다른 방식으로 라틴아메리카의 고질적

문제인 빈곤과 불평등에 맞서 싸웠습니다. 룰라가 있는 브라질도 빈곤 문제가 심각한 대표적인 나라지요.

브라질은 2002년만 해도 인구의 30퍼센트에 달하는 약 5000만 명이 빈곤층에 속했어요. 1달러 미만의 돈으로 하루 생계를 꾸려야 하는 이들이지요. 브라질의 가난은 파벨라라는 빈민촌에 가면 적나라하게 볼 수 있습니다. 파벨라는 세계 최대의 빈민가라고 불려요. 농촌에서 일자리를 찾아 도시로 온 이들이 공터에 얼기설기 집을 지은 것이 하나의 거대한 빈민촌을 이루고 있지요. 리우데자네이루 도시에만 이런 판자촌이 600여 곳이 있어요. 쓰레기통을 뒤져 찾아낸 합판으로 지붕을 얹은 탓에 금방이라도 무너질 것만 같은 집에서 수많은 이들이 살고 있지요. 그리고 파벨라는 마약과 범죄가 많기로도 유명합니다. 대낮에도 이따금 동네 한복판에서 총격전이 벌어지지요. 미래에 대한 희망을 찾을 수 없는 사람들이 범죄로 빠져드는 겁니다.

그런데 브라질에 가난한 사람만 있는 것은 아니에요. 그와 대조적으로 세계적인 부를 누리는 이들도 있지요. 그리고 그 사이의 격차가 아주 큽니다. 어찌나 부자가 많은지, 브라질은 세계에서 하늘 위의 교통 체증이 가장 심각한 나라로 꼽힙니다. 브라질의 가장 큰 도시인 상파울루에는 자동차가 아니라 헬리콥터로 출퇴근하는 부자들이 있는데, 그수가 너무 많아서 하늘에서 교통 체증이 일어날 정도예요. 상파울루는 5분에 최소 넉 대의 헬리콥터가 착륙하거나 이륙하는 도시로, 2013년 기준 411대의 헬리콥터가 등록되어 있어요. 미국 뉴욕만 해도 120대가

리우데자네이루의 빈민가, 파벨라

전부라고 해요. 헬리콥터는 한 대에 많게는 200만 달러가 넘는 고가의 물건인데, 그런 헬리콥터를 출퇴근에 이용하는 사람이 그만큼 많은 겁니다. 거대한 슬럼 파벨라 위를 나는 수많은 헬리콥터를 상상해 보면 브라질의 빈부 격차가 얼마나 아찔한지 조금은 실감할 수 있지요.

극심한 빈부 격차와 불평등은 치안 문제로 이어지고 있습니다. 극도로 가난한 사람들과 극도로 부자인 사람들이 함께 있다 보니, 좀도둑이나 강도 사건이 끊이지 않아요. 사실 이것이 상파울루의 부자들이 굳이 헬리콥터로 출퇴근하는 이유이기도 해요. 자동차를 타거나 걸어서 출근했다간 언제 어디서 강도를 만날지 모르니 아예 큰돈을 들여서 헬리콥터를 타는 것이지요.

● 빈민촌을 여행하는 파벨라 투어

파벨라가 유명해지면서, 아이러니하게도 파벨라를 여행하는 투어 상품도 생겨났습니다. 브라질에서 두 번째로 큰 도시인 리우데자네이루에서는 여행사들이 파벨라 내부를 볼 수 있는 여행 프로그램을 마련해서 관광객들을 모으고 있어요. 관광객들에게는 가난의 민낯을 보여 주고, 투어를 통해 얻은 수익금은 파벨라에 사는 가난한 여성들과 아이들의 자립에 쓴다고 합니다. 뜻은 좋지만 가난마저 구경거리, 여행 상품으로 만드는 리우 사람들의 발상이 씁쓸하기도 합니다.

세상에서 가장 인기 많은 대통령

그런 브라질에서 대통령을 꿈꾼 룰라는 가난이 무엇인지 누구보다도 잘 아는 사람이었어요. 그 자신이 아주 가난한 집안에서 태어났거든요. 룰라는 너무 가난한 나머지 초등학교도 제대로 마치지 못한 채 밥벌이에 나서야 했어요. 일고여덟 살 때부터 거리에서 땅콩을 팔고 구두를 닦았지요. 십 대 때에는 선반공 자격증을 따서 일찌감치 공장에 취직했어요.

자동차 부품 공장 노동자로 일하면서 형편이 조금 나아지는 듯했지

브라질 전 대통령 룰라. 2014년 대선에서 같은 당의 지우마 호세프 후보의 선거 운동을 돕고 있다.

만 가난으로 인한 비극은 끊이지 않았습니다. 열아홉 살 때는 공장 기계에 그만 왼손 새끼손가락을 잃고 말았지요. 일자리를 잃은 적도 있었는데, 그런 자신이 혹시 신세를 지려고 할까 봐 친구들조차 슬금슬금 피하던 기억은 룰라에게 훗날까지 아프게 남았지요. 더욱 슬픈 것은 가난 때문에 사랑하는 아내를 잃은 일이었어요. 아내가 아이를 임신하고 있을 때 간염에 걸렸는데, 병원에서 제대로 치료받지 못해 뱃속의 아이와 함께 저세상으로 가 버린 겁니다. 룰라가 겨우 스물여섯 살 때의 일이었어요. 젊은 나이에 다양한 아픔을 겪으면서 룰라는 다른 사람의 힘에 기대지 않고 스스로 나서서 브라질의 가난을 개선해야겠다고 결심하게 됩니다. 그것이 룰라가 정치인으로 변신하게 된 이유였지요.

2003년에 브라질 대통령이 되었을 때 룰라는 누구보다도 더 앞장서서 가난한 이들을 도왔습니다. 다양한 정책으로 브라질의 빈곤 문제를 해결해 갔는데, 그중에서 가장 대표적인 것을 꼽자면 '가족 수당' 정책을 들 수 있어요. 가족 수당은 자녀가 학교에 가고 예방 접종을 성실히 받으면 그 가정에 보조금을 지급하는 정책이에요. 어린이들조차 제때 교육을 받지 못하는 것은 나라의 미래를 위해서도 심각한 문제였지요. 그런 현실을 바꾸기 위해서 각 가정에서 아이들을 적극적으로 학교에 보내게끔 하는 정책을 마련한 것이지요. 아이들도 보살피고, 가난한 가정에 생활비도 보조해 주는 일석이조의 효과를 노렸지요.

룰라 정부에서는 이 정책을 계속 확대해서, 2011년에는 1200만 가구 이상이 혜택을 받게 되었습니다. 그만큼 가난한 사람들의 삶의 질이 나아졌음은 두말할 나위도 없겠지요.

가난한 이들을 돕는 룰라를 공격하는 세력도 없지는 않았습니다. 복지 정책에 대해서는 어느 나라나 늘 찬반이 엇갈리곤 하지요. 하지만 그런 비판에 대해 룰라는 이런 단호한 말로 대꾸했어요.

"부자들을 돕는 것은 투자라고 하고, 가난한 이들을 돕는 것은 비용이라고 부른다."

'투자'라는 이름으로 돈이 많은 부자들을 도와주면서도, 훨씬 가난한 사람들을 돕는 것은 마치 쓰면 없어지고 마는 비용인양 아까워하는 이들을 비판하는 말이지요. 룰라는 가난한 이들을 돕는 것은 부자들을 돕는 것보다 훨씬 비용이 덜 든다는 점도 강조하며, 그럼에도 사람들은 가난한 이들을 돕는 것에 유난히 인색하다고 지적했습니다. 사회의 약한 이들을 돕는 복지 정책에 반대하는 사람들이 가진 맹점을 정확히 간파하고 있지요.

룰라가 재임하는 동안 브라질의 빈곤층은 확실하게 줄어들었고 중산층도 꽤 늘어났습니다. 그 덕분에 룰라의 지지율은 임기 중에도 매우 높았습니다. 재선에 어렵지 않게 성공할 정도였지요. 복지 정책을 포함해 다양한 정책이 두루 성공을 거두면서 룰라는 국내뿐만 아니라 해외에서도 큰 화제가 되었어요. 버락 오바마 전 미국 대통령도 2009년, 런던에서 열린 G20 정상 회담에서 이런 말로 룰라의 인기를 인정했지요.

"이분은 내 우상이다. 그를 깊이 존경한다. 이분이야말로 세상에서 가장 인기 많은 대통령이다."

베네수엘라 대통령, 차베스의 미션

브라질에 룰라가 있다면 베네수엘라에는 차베스가 있습니다. 두 정치가는 비슷한 시기에 활동하면서도 서로 아주 대조적인 스타일을 보여 주어서, 많은 정치학자가 두 대통령을 비교하곤 했지요. 룰라가 반대파들까지 두루 끌어안으며 적을 만들지 않는 정치가였다면, 차베스는 내 편과 상대편을 명확히 구분하는 정치가였어요. 룰라가 온화한 정치가였다면 차베스는 거친 욕설도 스스럼없이 내뱉을 만큼 과격하고 거침없는 정치가였지요. 룰라가 공장 노동자 출신 정치가인 반면, 차베스는 군인 출신인 것도 대조적입니다.

이렇게 서로 스타일은 달랐지만, 차베스나 룰라나 가난한 이들을 위한 정책을 활발히 펼쳤다는 점에서는 같았습니다. 차베스 역시 군인 시절 '빈민의 챔피언'이 되겠다는 결심을 굳히며 정치인의 길에 들어섰거든요. 차베스가 그런 결심을 굳힌 계기가 있었습니다.

베네수엘라의 수도 카라카스에서 1989년에 큰 시위가 벌어진 적이 있어요. 시민들이 들고일어나자 계엄령이 발동되고 군인들이 통제에 나서며 약 일주일간 유혈 사태가 벌어졌지요. 결국 280여 명이 안타깝게 목숨을 잃었지요. '카라카스 충돌'로 불리는 이 엄청난 사건의 시작은 아이러니하게도 버스 요금이었어요. 그해 2월에 정부가 유가를 인상하자 버스 회사들이 일제히 버스 요금을 두 배로 인상했는데, 이에 분노한 시민들이 버스 기사들과 실랑이를 벌이던 것이 폭동으로까지 이어진 것이지요. 베네수엘라의 가난한 이들에게 버스 요금은 생계가 달린 문제였어요. 어떤 사람들에게는 하루치 일당에 가까운 돈이었거든요. 예고도 없이 하루아침에 버스 요금이 인상되어 버리니 많은 시민이 분노할 수밖에 없었지요. 게다가 당시 버스 요금뿐만 아니라 식료품과 생필품 등 많은 물건의 가격이 크게 오른 상황이었어요. 시민들은 가난한 이들의 처지는 생각지도 않고 멋대로 유가를 인상한 무책임한 국가에 대해 분노했어요.

그런데 시위가 벌어지자, 국가는 시민들에게 총을 쏘았습니다. 국민의 목숨을 지켜야 할 군대가 오히려 국민들을 향해 총구를 겨누다니, 시민들의 절망과 분노는 극에 달했지요. 차베스는 당시 하급 군인이었는데, 군인인 자신이 보기에도 너무나 말이 안 되는 일이었어요. 계급이 높은 장교들이 왜 그런 결정을 내렸는지 도무지 납득할 수 없었지요. 이 사건 이후, 차베스는 정치에 뛰어들기로 결심하게 됩니다.

　쿠데타를 일으키고 감옥에 투옥되는 등 여러 우여곡절 끝에, 1999년에 차베스는 베네수엘라의 대통령이 됩니다. 이후 세 차례나 연임하며 2013년까지 대통령으로 일했지요. 그 재임 기간 동안 차베스가 펼친 정책은 사실상 모두가 빈민을 위한 정책이었다고 해도 지나치지 않습니다. 베네수엘라는 산유국이어서 석유를 수출해서 얻은 부가 있었는데, 차베스는 이 부를 이용해 가난한 이들을 위한 다양한 복지 정책인 '미션'을 실행했어요. 우선 '동네 속으로' 미션을 추진해 전국에 4만 5000개의 진료소를 설치했어요. 진료비를 받지 않는 진료소였지요. 이 덕분에 1998년에서 2007년 사이에, 10년 만에 영아 사망률이 절반 이하로 줄어드는 성과를 거두었지요.

　가난한 이들을 위한 교육 정책도 펼쳤어요. 차베스가 재임하던 시절, 베네수엘라는 성인의 평균 학력이 초등학교 졸업도 되지 못할 만큼 교육 문제가 심각했어요. 이 문제를 해결하기 위해 차베스는 문맹 퇴치 과정, 학업 중도 포기자를 위한 교육 과정, 문화 예술 교육 과정 등 다양한 교육 과정들을 만들었지요. 이 정책도 큰 효과를 낳아서 약 340만 명이 무료 교육의 혜택을 누렸고, 약 160만 명이 문맹에서 벗어났지요. 유네스코는 2005년에 베네수엘라를 문맹 퇴치 국가로 선언했습니다.

한편 먹을 것이 부족한 이들을 위해 식료품 유통 체인을 따로 만들었습니다. 이 체인을 통해 1400만 명의 빈민에게 식료품을 제공했지요. 집이 없는 사람들을 위해서는 국유지나 공유지를 나누어 주었어요. 국가 소유의 땅이라도 그곳에 오랫동안 집을 짓고 살아온 사람들이 있다면 그 땅을 분배해 준 것이지요. 이 정책 덕분에 당시 도시 빈민의 60퍼센트에게 땅이 생겼습니다. 이 밖에도 시골 마을에 인터넷을 설치하는 미션, 도시에서 일자리를 구하지 못한 이들이 시골로 내려가 자리 잡을 수 있도록 협동조합을 꾸려 농사지을 땅을 제공하는 미션 등 다양한 정책 아이디어들이 실시되었습니다.

차베스의 정적들은 때로 이런 정책들을 대중의 환심을 사서 표를 얻으려는 '포퓰리즘'이라며 깎아내리기도 했지만, 확실한 것은 이런 정책들 덕분에 베네수엘라 빈민들의 삶이 크게 나아졌다는 거예요. 이는 차베스를 누구보다 앞장서서 깎아내리려고 했던 미국 중앙 정보국(CIA)도 인정한 사실이지요. 그것은 차베스가 온갖 논란에도 불구하고 네 번에 걸쳐 대통령에 당선될 수 있었던 비결이기도 합니다.

차베스는 2013년에 네 번째로 대통령에 당선되었지만, 취임식도 치르지 못하고 암으로 세상을 떠났습니다. 차베스는 죽는 순간까지 베네수엘라 대통령이었지요.

2010년에 취임한 전 우루과이 대통령 무히카에게는 '세상에서 가장 가난한 대통령'이라는 수식어가 늘 따라 다닙니다. 스스로 검소한 삶을 솔선수범했기 때문인데, 그래서 때로 대통령이라기보다 현자의 풍모가 느껴지기도 하지요.

대통령 당선 직후부터 무히카는 한 나라의 대통령이 하기에는 결코 평범하지 않은 행보들로 세상의 주목을 받았습니다. 당선되자마자 무히카는 대통령 관저에 들어가지 않겠다고 선언했어요. 넓고 안락한 관저는 집이 없어 거리에서 자야 하는 노숙자들에게 양보하겠다고 했지요. 자신은 시골에 있는 낡은 농가에서 평소처럼 출근하면 된다는 생각이었지요. 실제로 재임 기간 내내 무히카는 우루과이 수도 몬테비데오의 외곽에 있는 시골 마을에서 고물이 다 된 차를 타고 출퇴근했습니다.

무히카는 대통령에게 지급되는 월급도 가난한 이들과 나누었어요. 우루과이 서민들이 받는 월급이면 족하다면서 월급의 90퍼센트 가까이를 사회에 기부했습니다. 특히 혼자서 아이를 키워야 하는 미혼모들에게 집을 지어 주는 '플란 훈토스'라는 프로젝트에 기부했는데, 이 프로젝트 자체도 무히카의 아이디어였어요. 단순히 집을 지어 나누어 주는 것이 아니라, 집에 들어가서 살 사람들이 자기 손으로 직접 집을 짓는 기회를 주는 것이 핵심이에요. 이웃들과 전문가들의 협동 아래에 집을 짓는 것이지요. 그렇게 하면 내 집을 갖는 기쁨과 성취감을 동시에 가질 수 있어요. 가난한 이들에게 아늑한 보금자리가 얼마나 소중한 것인지 누구보다도 잘 아는 무히카가 낸 아름다운 아이디어였지요. 무히카는 대통령이 된 뒤에도 이 프로젝트를 후원하기 위해 직접 자신의 차로 건축 자재들을 실어 나르기도 했습니다.

가난한 이웃들과 함께하는 것은, 무히카에게는 그냥 일상이었어요. 한번은 콧잔등에 상처가 난 채로 기자들을 만난 적이 있어요. 상처를 의아하게 여긴 기자들이 연유를 물었더니 무히카는 이렇게 대답했다고 하지요.

"이웃 주민들과 함께 지붕을 잡고 고정시키려고 했는데 안 되었어요. 불행 중 다행으로 살짝 스치기만 했습니다."[30]

간밤에 큰비가 내리는 바람에 이웃들의 집 지붕이 무너질 위험에 처하자 이웃을 도와주러 갔다가 바람에 날아다니는 양철 지붕에 얼굴을 맞은 것이었어요. 비바람이 몰아치는 밤, 동네 사람들과 함께 지붕을 떠받치며 집을 지키는 대통령의 모습이라니 상상만 해도 친근하지요.

일생 소박한 삶을 살며 가난한 이웃들과 함께했지만 무히카는 자신을 '가난한 대통령'이라고 부르는 것을 좋아하지 않았습니다. 자신보다 훨씬 가난한 사람들이 많기 때문이기도 하고, 또 가난한 것과 검소한 것은 다르기 때문이기도 합니다. 무히카는 검소한 삶에 대한 확고한 철학이 있었어요. 무히카에게 중요한 것은 돈이 아니라 시간, 그리고 그 시간을 누릴 자유였고, 돈을 버느라 자칫 시간과 자유를 빼앗긴다면 그것이야말로 불행한 삶이라고 여겼습니다.

> "내 인생의 철학은 절제이다. 이것은 내핍과는 다르다. 나는 필요한 만
> 큼 소비하고, 낭비하지 않는다. 내가 무언가를 살 때 그것은 돈으로 사
> 는 것이 아니다. 그 돈을 벌기 위해서 쓴 시간으로 사는 것이다. 이 시
> 간에 대해 인색해져야 한다. 시간을 아껴서, 정말 좋아하는 일에, 우리
> 에게 힘이 되는 일에 써야 한다. 시간을 우리 자신을 위해 쓸 수 있을
> 때 나는 그것을 자유라고 부른다. 자유롭고 싶다면 소비에 냉정해져야
> 한다."[31]

절제와 검소, 자유에 대한 투박한 듯 냉철한 철학입니다. 실제로 무
히카가 추진한 정책 중에는 단지 가난한 이들을 돕는 것 외에, 사회적 약
자들에게 공평하게 기회를 주고 인류애를 실천하는 데에 기여한 정책
이 많았습니다. 예컨대 공공 기관에서 인턴을 선발할 때는 반드시 24세
이하의 청년만 뽑고 그중에서도 여성과 아프리카계, 장애인 등 사회적
으로 소외된 이들을 일정 비율로 뽑도록 했어요. 그리고 전쟁으로 모든
것을 잃어버린 시리아 난민을 과감하게 받아들여서 인류애가 무엇인지
직접 보여 주기도 했습니다. 그런 정책 하나하나가 실현되면서 우루과
이 사회가 좀 더 나은 곳으로 나아갔지요.

라틴아메리카가 처한 가난이나 문맹, 빈부 격차 등 여러 과제를 참
신하고 도전적인 방식으로 해결해 갔던 이 대통령들은 지금까지도 다
른 나라 정치가들에게 깊은 영감을 주고 있습니다.

3부

인생은 곧 카니발

문화와 예술

라틴아메리카 사람들의 역사를 알면 알수록 이곳 사람들의 삶이 정말 고달팠으리라는 생각이 절로 들지요. 하지만 그렇다고 해서 이 대륙 사람들의 표정이 진지하고 음울할 거라고 생각하면 오산이에요. 알고 보면 이들은 누구보다도 흥겨운 사람들이거든요.

얼마나 흥겹냐면, 이들은 남녀가 함께 추는 신나는 '커플 댄스'를 만들어 전 세계에 널리 퍼트리기도 했습니다. 세상에서 가장 '어이없는' 소설들로 전 세계의 문학 독자들을 유쾌한 혼란에 빠트린 것도 바로 이 대륙의 소설가들이지요.

01 　마술적 사실주의
20세기 문학을 위기에서 구하다

소설 『백 년의 고독』에는 돼지 꼬리가 달린 사람이 태어나는 장면이 실감나게 묘사되어 있습니다. 장난치는 구석이라곤 없이 진지하게 그려지기 때문에 마치 정말 그런 일이 일어나는 것만 같은 느낌이 들지요. 이 소설의 작가 가르시아 마르케스는 어느 신문 칼럼에서 이 부분에 대해 이렇게 설명했습니다.

"내 소설이 유명해지자 라틴아메리카 여러 곳에서 돼지 꼬리와 흡사한 것을 지니고 있던 남녀들의 고백이 터져 나오기 시작했다. (콜롬비아의) 바랑키야에서 한 청년은 그런 꼬리를 신문지상을 통해 보여 주었

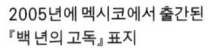

2005년에 멕시코에서 출간된
『백 년의 고독』표지

다. 그는 그 꼬리를 갖고 태어나서 자랐지만『백 년의 고독』을 읽은 후
에야 비로소 그런 사실을 밝혔다. (……) 얼마 후에 한 독자는 한국의
수도인 서울에서 돼지 꼬리를 갖고 태어난 한 소녀의 사진을 오려서
보냈다. 내가 소설을 썼을 때 생각하던 것과는 정반대로 서울의 그 소
녀는 꼬리를 자르고도 살아남았다."³²

우리나라에 돼지 꼬리가 달린 사람이 태어난 적이 있었던가요? 그
럴 리가요. 그런 일이 있었다면 인터넷에 그 소식이 대문짝만 하게 실렸
겠지요. 마르케스는 농담을 한 겁니다. 하지만 마르케스가 그저 실없는
사람은 아니었어요. 마르케스는 그런 농담에 이어서, 자신의 소설에 대
한 평가에 대해 이런 의견을 덧붙였어요.

"흔히 나를 마술적 사실주의자라고 부른다. 그 말은 마치 내가 이 세상에서 벌어지지 않는 일을 묘사하는 거짓말쟁이인 것 같다. 결코 그렇지 않다. 나는 세상을 있는 그대로 그렸을 뿐이다."

마르케스는 왜 돼지 꼬리가 달린 사람이 나오는 작품을 쓰고는, 세상을 있는 그대로 그렸다고 주장하고 있는 걸까요? 더욱 놀라운 것은 그런 황당한 이야기가 담긴 『백 년의 고독』이 전 세계적으로 큰 인기를 얻었다는 거예요. 『백 년의 고독』은 24개국 언어로 번역되어 3000만 부 넘게 팔려 나갔습니다. 이 소설은 스페인어로 쓰였는데, 스페인어권에서는 우스갯소리로 '성서보다 많이 팔리고 읽혔다'고 할 정도였지요. 마르케스는 1982년에 노벨 문학상을 수상하면서 라틴아메리카 문학의 저력을 세계에 과시했어요. 도대체 이 소설에 무슨 매력이 숨어 있는 걸까요? 여러 의문을 풀려면 마르케스를 설명할 때 흔히 쓰는 표현인 마술적 사실주의, 이 알쏭달쏭한 말뜻부터 풀어 봐야 합니다.

마술과 사실의 결합

우선 마술을 빼고, 사실주의부터 살펴보자면 사실주의는 19세기 중엽에 유럽에서 생겨난 문예 사조입니다. 쉽게 말하면 사실을 있는 그대로 그린다고 해서 사실주의지요. 그렇게 그리겠다는 작가들의 다짐, 정신을 표현하는 말이에요.

🔵 스페인어가 라틴아메리카에 자리 잡기까지

스페인어를 카스티야어라고도 하지요. 그 이름처럼 오늘날 우리가 아는 스페인어는 이 지방을 다스리던 카스티야 왕국에서 왔어요. 카스티야 왕국이 스페인을 통일하면서, 그 지방 말이 일종의 표준어처럼 자리 잡았지요.

스페인을 통일한 카스티야 왕국은 그 기세를 몰아 라틴아메리카 대륙 곳곳을 정복했고 정복 지역에는 자신들의 말을 보급했습니다. 이들의 식민 지배 기간이 길어지면서 라틴아메리카의 거의 모든 나라에서 스페인어가 주류 언어로 자리 잡았어요. 특히 스페인어가 식민지 지배층의 언어가 되면서 라틴아메리카에 관한 많은 이야기가 스페인어로 기록되기 시작했습니다.

그 덕분에 스페인어는 세계에서 최초로 근대적인 문법책이 만들어진 언어이기도 해요. 라틴아메리카 원주민들에게 스페인어를 가르칠 필요가 커지니, 일찌감치 문법책을 만든 것이지요.

재미있는 사실은 라틴아메리카 개척이 스페인에서 카스티야어가 표준어가 되는 데 큰 역할을 했다는 거예요. 정복 후에는 카스티야 지방 이외에 다른 지방에 살던 스페인 사람들도 라틴아메리카로 건너갔는데, 이들도 라틴아메리카에서 생활하기 위해서는 카스티야어를 배워야 했거든요. 그렇게 해서 스페인어는 오늘날 가장 많은 국가가 쓰는 언어이자, 세계에서 세 번째로 많은 사람의 모국어가 되었어요.

스페인어가 라틴아메리카에 자리 잡으면서 스페인어의 어휘나 표현도 훨씬 풍성해졌습니다. 원주민의 다양한 언어들, 또 라틴아메리카에 들어온 아프리카 흑인들의 언어와, 이탈리아 이민자들이 쓰는 언어가 스페인어와 섞였지요. 그 과정을 통해 스페인어는 세계에서 가장 많은 어휘를 가진 언어가 되었습니다. '해먹hamaca', '허리케인huracán', '콘도르condor'와 같은 단어가 바로 라틴아메리카 원주민의 언어가 스페인어에 들어온 사례들이지요.

스페인어가 들어왔다고 해서, 원주민들의 언어가 모두 사라진 것은 아니에요. 오늘날에도 멕시코에는 여전히 55개나 되는 원주민 언어가 남아 있습니다.

사실주의 작품은 우리나라에도 많은데, 그중 널리 알려진 작품으로 현진건의 『운수 좋은 날』이 있습니다. 교과서에 빠짐없이 등장하는 작품이라, 우리나라 사람이라면 대부분 이 소설을 알고 있을 거예요. 이 작품에는 일제 강점기에 사는 한 인력거꾼이 주인공으로 등장하지요. 인력거꾼은 병든 아내를 위해서 아침부터 돈을 벌러 나갑니다. 그날따라 인력거꾼은 운이 좋아요. 손님이 많아서 다른 날에 비해 꽤 많은 돈을 벌지요. 유난히 운이 따르던 그날, 모처럼 손에 쥔 돈으로 아내와 함께 먹을 설렁탕을 사지요. 설렁탕을 손에 들고 집으로 돌아왔을 때 인력거꾼은 병이 깊어져 결국 세상을 뜬 아내를 발견하게 됩니다.

　　"설렁탕을 사 왔는데, 왜 먹지를 못하니?"

　　소설은 설렁탕을 앞에 두고 비통하게 울부짖는 인력거꾼의 모습으로 끝을 맺지요. 이 단편 소설 어디에도 일어나지 않을 법한 일은 하나도 없어요. 인력거꾼부터 설렁탕까지, 궁핍하고 비루한 식민지 조선의 현실을 적나라하게 보여 주지요.

　　설렁탕 한 그릇을 든 인력거꾼의 모습을 상상하면 갑자기 돼지 꼬리가 달린 사람이 나오는 『백 년의 고독』이 어째서 사실주의인가 의아해집니다. 이 작품에는 돼지 꼬리뿐만 아니라 각종 신화부터 전설까지 정말 마술 같은 이야기가 많아요. 우연히 찾아온 불면증이 기억 상실이라는 증상을 동반하더니 온 마을에 전염되는가 하면, 비가 4년 11개월 2일 동안 그치지 않고 내리고, 엄연히 죽은 자가 유령이 아니라 살아 있는 사람처럼 자꾸 나타나기도 하지요. 마르케스는 현실을 더욱 효과적으로 다루기 위해 이런 비현실적인 요소들을 활용했습니다. 『백 년의 고독』의 배경은 콜롬비아의 카리브 연안에 있는 마콘도라는 가상의 마을이에요. 그곳에서 벌어지는 일은 콜롬비아의 여느 항구에서 있을 법한 일들이지요. 그래서 사람들은 마르케스의 작품에 대해서는 사실주의 앞에 '마술'이라는 단어 하나를 더 덧붙였어요. 사실주의는 사실주의이되 마술적인 요소가 많다는 뜻이지요.

그렇다고 해도 마술과 사실은 정반대에 있는 단어 같은데, 나란히 놓으니 어색해 보입니다. 현실을 있는 그대로 그리려고 신화와 전설을 들여온다니, 말이 되는 것 같기도 하고 말장난을 부리는 것 같기도 하지요. 마르케스를 비롯해 마술적 리얼리스트들이 처음 나타났을 때, 세계의 많은 사람이 바로 그렇게 생각했습니다.

'뭐 이런 소설이 다 있지?'

💭 스페인어에선 엄마 성과 아빠 성을 같이 쓴다고?

소설가 마르케스의 정확한 이름은 가브리엘 가르시아 마르케스Gabriel García Márquez지요. 그런데 저 이름 중에서 무엇이 성이고 무엇이 이름일까요? 영어 이름의 모양을 떠올려 보면 가브리엘이 이름이고 마르케스가 성일 것 같지요. 맞습니다. 그럼 가르시아는 뭘까요? 엄마 성이에요. 스페인어권에는 특이하게도 이름에 엄마 성과 아빠 성을 모두 쓰는 관습이 있습니다. 평소에는 줄여 말하더라도 공문서에는 반드시 두 성을 다 써야 해요.

문학의 붐, 붐 소설

라틴아메리카 대륙에는 아주 오래전부터 신화와 전설, 민담이라는 형태로 다채로운 문학적 전통이 면면히 이어져 왔습니다. 아즈텍과 잉카의 원주민 문명은 풍부한 문학으로 남아 입에서 입으로 전해졌지요. 마야족이 남긴 책 『포폴 부』가 그 대표적인 유산입니다. 한편 식민지 시절에는 당시 유럽에서 유행하던 고전주의 같은 문학 사조들이 들어오기도 했지요. 그러다 19세기 초에 독립하면서부터는 본격적으로 라틴아메리카 문학의 독자적인 정체성을 형성해 가기 시작해요. 라틴아메리카 문학을 연구하는 학자들은 19세기 말부터 라틴아메리카에서 진정한 '문학적 독립'이 이루어졌다고 분석하기도 합니다. 정치적 독립을 19세기 전반에 했다면, 문학적 독립은 19세기 말에 했다는 뜻이지요.

식민지 이전 시절부터 풍부한 문학적 토양을 가꾸어 왔던 라틴아메리카에서는 금세 훌륭한 작품들이 피어났습니다. 원주민들이 간직해 온 전통에 뿌리를 둔 작품들이 하나둘 쓰이고 유럽에 소개되면서 라틴아메리카 문학만의 참신한 색깔이 세계에 알려지기 시작했지요. 니카라과의 작가 루벤 다리오, 칠레의 작가 가브리엘라 미스트랄, 페루의 작가 세사르 바예호의 작품들은 라틴아메리카를 넘어서 유럽 문학에도 영향을 미쳤습니다.

라틴아메리카 작가들의 독보적인 존재감이 가장 빛을 발한 것은 1960~1980년대입니다. 이 시기에는 앞서 소개한 마르케스를 비롯해, 참신하고 독창적인 라틴아메리카 작가들이 말 그대로 돌풍을 일으키며

칠레의 작은 마을 이슬라네그라에 있는 파블로 네루다의 생가. 지금은 박물관으로 쓰인다.

전 세계 문학 독자들의 마음을 사로잡았습니다. 라틴아메리카 문학이 붐을 일으켰다고 해서, 아예 '붐 소설'이라는 재미난 별명이 붙었지요. 마리오 바르가스 요사, 카를로스 푸엔테스, 호세 도노소 야녜스 그리고 마르케스 등이 바로 붐 소설의 붐을 이끈 작가들이에요. 시 문학에서는 노벨 문학상을 수상한 파블로 네루다가 전 세계 독자들의 압도적 지지를 받았지요.

이 시기에 등장한 다양한 작품 중에서도 마술적 사실주의 작품들은 가장 참신하고도 독특한 세계를 선보였어요. 기존의 문학과 달라도 너무 달라서 독자와 평론가 들을 충격에 빠트렸지요. 앞서 소개한 『백 년의 고독』을 비롯해 푸엔테스의 소설 『아우라』와 『선한 양심』, 아옌데의

『영혼의 집』까지 다양한 작품이 우후죽순 등장해서 사람들의 눈을 휘둥그레지게 만들었습니다.

이들의 소설은 그때까지 서구 사람들이 생각해 온 '소설'에 대한 통념을 뒤흔들었어요. 현실과 비현실의 경계도 허물어 버리고, 대중 문학과 본격 문학의 경계도 깨 버렸지요. 합리적인 근대 소설과 비합리적인 고전 신화의 경계도 한순간에 사라지게 했어요. 전 세계 독자들이 이 소설들에 열광했습니다.

사실 이 소설가들이 등장할 무렵, 유럽과 미국에서는 점점 소설이 읽히지 않고 있었습니다. 사람들은 여가 활동으로 문학보다는 당시에 새롭게 등장한 예술 장르인 영화를 더 즐기기 시작했지요. 사람들이 서점보다 영화관을 더 자주 찾아가면서, '소설'이라는 장르 자체가 위기에 처했다는 진단이 유럽 곳곳에서 내려졌어요. 그러던 즈음에 문학에 관한 한 변두리라고 생각했던 라틴아메리카의 젊은 작가들이 독특한 작품 세계를 뽐내며 사람들의 발길을 다시 서점으로 돌려놓은 거예요. 체코 출신 작가 밀란 쿤데라는 이들의 등장을 지켜보면서 이런 말을 남겼습니다.

"책꽂이에 가르시아 마르케스의『백 년의 고독』을 꽂아 두고 어찌 소설의 죽음을 이야기할 수 있겠는가?"

유럽에서는 소설 위기론이 퍼져 나가던 시기에, 라틴아메리카의 작가들은 자신들의 존재감을 과시하는 것을 넘어, 소설이 여전히 사람들의 마음을 뒤흔들 수 있다는 것까지도 보여 주었습니다.

마술적 사실주의 작품들은 일단 재미있었는데, 그 재미란 것이 아주 참신했어요. 앞서 소개한 작가 마르케스의 다른 작품 『사랑과 다른 악마』를 한번 살펴볼까요? 이 작품은 소설의 흔한 소재인 남녀 간의 사랑을 다루어요. 그런데 그 사랑하는 마음을 표현하는 방식이 남다릅니다. 이 작품에는 수도사를 사랑했으나 끝내 그 사랑을 이루지 못하고 세상을 떠난 한 소녀의 이야기가 나와요. 소녀는 죽어서 수도사가 지내는 수도원에 묻혔지요. 이야기는 그로부터 200년 후에 한 신문사 기자가 납골묘에서 그 소녀의 납골을 발견하는 것으로 시작됩니다.

소설 속 화자인 '나'는 1949년 10월 26일 "별다른 기삿거리가 없었던 날", 옛 수녀원의 납골묘를 비우는 작업을 하게 됩니다. 그곳에서 "200년이 된 시신"을 발견해요. 인간의 머리카락은 죽은 뒤에도 "한 달

🔎 **노벨 문학상을 받은 라틴아메리카 작가들**

라틴아메리카 작가들의 인기는 노벨 문학상 수상자들을 통해서도 엿볼 수 있어요. 가브리엘라 미스트랄이 1945년에 라틴아메리카 최초로 노벨 문학상을 수상하면서 라틴아메리카의 시 문학을 세계적으로 알렸고, 1967년에는 과테말라 작가 미겔 앙헬 아스투리아스가, 1971년에는 칠레의 파블로 네루다가 이 상을 수상하지요. 또 가브리엘 가르시아 마르케스가 1982년에, 옥타비오 파스가 1990년에 상을 받았습니다. 2010년에는 페루 출신 작가인 마리오 바르가스 요사가 수상했지요.

에 1센티미터씩" 자라는데, 이 소녀의 머리카락은 무려 "22미터 11센티미터"나 자라 있었어요. 200년 동안 머리카락이 자라난 셈이에요. 마르케스는 소녀의 이루지 못한 사랑에 대한 한을 머리카락 길이로 표현한 것이지요.

납골묘에 죽은 자의 머리카락이라니, 어찌 보면 섬뜩한 공포 소설 같아요. 하지만 달리 생각하면 몇 백 년이 지나도 계속되는 열렬한 사랑을 22미터의 머리카락으로 표현하다니, 정말 참신하지요.

그럼 마르케스를 비롯해, 라틴아메리카의 작가들은 그저 색다른 재미를 위해 신화와 전설과 있을 법하지 않은 이야기들을 마구 소설 속으로 끌어들인 것일까요? 재미도 중요하지만 거기엔 다른 이유가 하나 더 있습니다.

아들은 여전히 살아 있다

마술적 사실주의의 또 다른 유명한 작가인 푸엔테스는 언젠가 한 언론과의 인터뷰에서 이런 대화를 한 적이 있어요. 기자가 "아들 카를로스는 여전히 살아 있습니까?"라고 묻자, 푸엔테스가 이렇게 대답하지요.

"그럼요, 늘 살아 있지요. 한 번도 부재한 적이 없어요. 매일매일 내 아들은 살아 있습니다. 하지만 도대체 어느 차원까지 우리와 함께하는지는 알 수가 없습니다."

기자는 다시 물어요.

"부재와 함께 살기를 배우는 것인가요?"

푸엔테스는 다시 대답해요.

"당연하죠. 아들은 우리와 함께 살고 있지요. 우린 늘 아들을 데려가요. 우리는 아들과 동행하고, 아들은 우리에게 말을 걸고, 우린 아들이 말한 것을 기억하면서 웃지요."

그러면서 "이것은 부재가 아닙니다."라고 다시 한번 강조해요.

대화가 어딘가 묘하지요? 푸엔테스가 이 인터뷰를 할 때 그의 아들은 이미 세상에 없는 사람이었습니다. 안타깝게도 1999년에 스물다섯이란 젊은 나이로 죽음을 맞이했지요. 하지만 푸엔테스는 아들이 죽고 몇 년이 지난 후에도 여전히 아들이 살아 있다고 말해요. 단지 죽은 아들을 잊지 못해서 하는 말은 아니었어요. 푸엔테스가 보기에 비록 아들은 지금 곁에 없지만 계속해서 자신의 삶에 영향을 미치고 있기 때문이에요. 죽었다고 해서 인연이 영영 끝나 버리는 것이 아니라 늘 아들을 생각하고 아들과의 추억을 떠올리고, 아들이라면 어땠을까를 생각한다면 아들이 내 곁을 아주 떠나 버린 것은 아닌 셈이니까요.

마술적 사실주의 작가들이 현실을 묘사하기 위해 마술적 요소들을 끌어들이는 이유도 이와 같습니다. 나에게 영향을 미친다는 점에서 여전히 존재하는 것들, 그것을 묘사하고자 하는 것이지요. 『영혼의 집』으로 마술적 사실주의를 널리 알린 작가 이사벨 아옌데는 언젠가 이렇게 말한 적이 있어요.

"보이지 않는 것들, 그러나 여전히 우리의 삶을 지배하는 것들, 기억들, 두려움, 공포, 이 모든 보이지 않는 것들의 힘을 보여 주기 위해서 내 소설에서 환상적인 사건들이 벌어지는 것이다."

아옌데의 말처럼 사람의 삶에 영향을 미치는 많은 요소 중에는 눈에 보이지 않는 것들도 많아요. 죽은 사람 혹은 멀리 떠나 있는 사람, 정치적인 공포, 내면의 불안……. 라틴아메리카 소설가들은 이렇게 보이지 않는 것들을 눈에 보이는 것으로 바꾸어 묘사하곤 합니다. 그것이야말로 그들이 우리 삶에 영향을 미치고 있다는 것을 보여 주는 가장 확실한 방법이라고 생각하기 때문이지요.

앞서 언급한 『백 년의 고독』 역시 마콘도라는 가상의 도시에서 벌어지는 일을 다루지만, 거기서 일어나는 많은 이야기는 콜롬비아의 현실을 떠오르게 합니다. 예컨대 이 작품 1장에서는 "아무도 기억하지 못하는 사건"이 하나 등장하는데, 이 사건은 사실 1928년에 콜롬비아의 한 바나나 농장에서 일어난 학살 사건을 암시합니다. 당시 파업을 하던 노동자들을 경찰이 무자비하게 학살한 끔찍한 사건은 보도가 통제된 탓에 한동안 사람들에게 제대로 알려지지 못했지요. 소설 속에서 이 사건은 마치 환상 속의 일처럼 묘사되고 있는데, 그래서 오히려 더욱 섬뜩한 느낌을 자아냅니다. 콜롬비아의 사정을 잘 아는 사람에게 마콘도는 가상의 도시가 아니라 마치 콜롬비아의 축소판처럼 느껴질 것입니다.

마르케스가 「문학과 현실에 관하여」라는 제목의 칼럼에서 이렇게 말한 것도 바로 그런 이유 때문이에요.

"내 책들 중에서 단 한 줄도 그곳에서 일어났던 실제 현실에 기반을 두지 않은 것은 없다."[33]

마술적 사실주의는 처음 등장할 때는 라틴아메리카 특유의 문학 기법이었지만, 이제는 전 세계 작가들이 두루 쓰는 기법이 되었습니다. 노벨 문학상 수상 작가인 토니 모리슨, 주제 사라마구, 귄터 그라스를 비롯해 살만 루시디, 밀란 쿤데라 등이 모두 마술적 사실주의의 영향을 받은 작가들이라고 할 수 있습니다.

마술적 사실주의는 라틴아메리카에서 처음 개척했지만, 이제는 인류의 값진 재산이 되었습니다. 소설을 읽다 보면, 어디에선가 불현듯이 라틴아메리카 작가들이 쌓아 올린 이 재산을 마주치게 될 겁니다.

02 라틴 댄스
세계를 매혹한 춤

라틴 댄스 중 가장 유명한 것을 꼽으라면 누구나 탱고를 꼽을 거예요. 탱고는 2009년에 유네스코 세계문화유산에 등재될 만큼 전 세계인이 인정하는 춤이지요. 그런데 탱고는 탄생한 지 그리 오래되지 않았습니다. 아프리카 흑인의 전통과 같은 여러 요소가 배경이 되기는 했지만, 탱고그 자체는 19세기 말에 본격적으로 시작되었어요. 탄생한 지 이제 100년 남짓한 춤이지요. 그리고 그 100년 동안 전 세계인을 사로잡았습니다.

탱고는 항구에서 시작된 춤이에요. 귀족들이 아니라 가난한 사람들 사이에서 먼저 시작되었지요. 어느 항구에서, 누가 탱고를 추기 시작했을까요?

아르헨티나의 항구에서 탄생한 탱고

라틴아메리카에는 탱고의 나라를 자처하는 나라가 있습니다. 바로 아르헨티나지요. 아르헨티나는 12월에 아예 '탱고의 날'을 정해 둘 만큼, 탱고를 '국민 춤'의 반열에 올려 두었어요. 아르헨티나의 수도 부에노스아이레스가 바로 탱고의 발상지거든요. 더 정확히 말하면, 탱고는 부에노스아이레스에 있는 라플라타강의 라보카 항구에서 태어났습니다. 그 항구에서 가난한 이민자들과 떠돌이 선원들, 부두 노동자들, 도축장 인부들이 추던 춤이 바로 탱고지요. 춤을 추는 사람들의 면면을 보면 재미있는 사실을 하나 발견할 수 있습니다. 아르헨티나에서 시작된 춤인데, 정작 이민자들이 더 추었지요. 거기엔 아르헨티나의 독특한 역사가 반영되어 있습니다.

탱고가 시작된 19세기 말에서 20세기 초는 아르헨티나가 황금기를 누리던 시기입니다. 당시 아르헨티나는 세계적으로 손꼽히는 부자 나라였지요. 그것을 잘 보여 주는 것이 지하철이에요. 1913년에 수도 부에노스아이레스에 지하철이 건설되었는데, 라틴아메리카 최초이자 세계에서 여섯 번째로 만들어진 지하철이지요.

아르헨티나가 처음부터 잘사는 지역이었던 것은 아니에요. 그 이전까지만 해도 아르헨티나는 라틴아메리카 대륙에서 주목받지 못하던 지역이었습니다. 위치도 대륙의 아래쪽 끝에 있는 데다, 아즈텍이나 잉카처럼 화려한 문명도 없었고, 무엇보다 원주민 인구가 적었거든요. 지금도 아르헨티나는 백인이 전체 인구의 90퍼센트가 넘을 만큼 원주민 인구가 적습니다. 오직 팜파스라고 불리는 초원만 드넓게 펼쳐진 곳이었지요.

그런데 그 팜파스에서 소를 키우기 시작하면서 사정이 달라졌어요. 지금도 그렇지만 당시 아르헨티나는 사람보다 소가 많다고 할 정도로 소의 천국이었어요. 소가 어찌나 많았던지, 한창 무역이 활발할 때는 소를 잡으면 고기는 버리고 가죽만 내다 팔았다는 이야기가 전설처럼 전해집니다. 또 대농장의 지주들은 자기 목장에 있는 소가 전부 몇 마리인지 알지 못했다는 이야기도 내려오지요. 말 그대로 소가 셀 수 없을 만큼 많았던 거예요. 아르헨티나의 부는 팜파스에서 뛰노는 소 떼에서 나왔다 해도 과언이 아니에요.

그 소를 이용한 목축업이 발달하고 소고기는 물론 천연 소가죽이 유럽 등지로 활발하게 수출되면서 아르헨티나는 경제적으로 성장하기 시작했어요. 아르헨티나의 소가죽 수출은 18세기 후반에 들어서 급성장했어요. 지갑이나 허리띠, 모자와 가죽점퍼 등을 만드는 데 쓰이는 소가죽은 불티나게 팔려 나갔지요. 특히 영국에서 많이 사 갔어요. 1778년에 수도 부에노스아이레스에서 수출된 소가죽이 15만 장이었는데 불과 2년 후에 80만 장으로 늘었고, 다시 3년 후인 1783년에는 140만 장이나 되었다고 해요.[34] 이 숫자만 보아도 목우 산업이 급속히 성장했다는 것을 알 수 있지요. 또 이 시기에는 소고기를 소금에 절여서 멀리 수출도 할 수 있게 되었습니다. 냉동 기술이 없던 시절에는 신선한 소고기를 유럽까지 가져갈 방법이 없었지만, 기술이 발달하면서 스테이크 소

양철집이 늘어선 부에노스아이레스의 라보카 항구 풍경

비가 많은 유럽으로 수출하게 되었지요.

목우 산업으로 경제가 성장하면서 아르헨티나에는 많은 투자자와 이민자가 몰려들었고 무역업이 활기를 띠었습니다. 그러면서 무역의 중심지가 된 부에노스아이레스의 라보카 항구에는 일자리를 찾는 사람들도 하나둘 몰려들었지요. 아르헨티나는 인구가 부족했기 때문에 이민자들을 적극적으로 받아들였어요. 유럽을 추종했던 터라 특히 유럽 백인들의 이민을 환영했지요. 이민자들은 일감이 많은 항구에서 주로 일을 했습니다. 라보카 항구에서는 유럽 각지에서 온 백인 이민자들이, 도살장 인부, 무역선 선원, 부두 노동자로 일했지요.

탱고는 바로 이들 사이에서 유행한 춤이에요. 자기 몸 하나만 믿고 일하는 사람들이 고된 하루를 마친 뒤에 탱고를 추었지요. 떠나온 고향에 대한 그리움, 낯선 환경에서 일하는 설움, 헤어진 연인에 대한 미련, 고된 하루하루에서 나오는 애환 등을 탱고의 춤 동작에 담았지요. 힘든 만큼 더욱 격정적으로, 슬픈 만큼 더욱 경쾌하게 춤을 추었습니다.

재미난 것은 처음에 탱고는 남자와 남자가 함께 추는 춤이었다는 거예요. 이민자들이 모여 사는 항구의 특성상 여자가 적었거든요. 부두의 이민자들은 빨리 돈을 벌어 고향으로 돌아갈 생각에 가족들은 고향에 두고 혼자 오는 경우가 많았어요. 또 이민자가 아니라도 부두의 노동은 거친 일이 많아서 여자보다는 남자들이 주로 일했어요(당시에는 여자들의 사회 활동 자체가 적기도 했지요). 여자들의 수가 극히 적었던 탓에 탱고도 남자끼리 출 수밖에 없었습니다.

너무 도발적인 춤

부둣가에서 추던 탱고는 20세기에 들어서면서 아르헨티나 전역으로 퍼져 나갔습니다. 아르헨티나 곳곳에 탱고를 추는 사람들이 늘어났지요. 무역선을 타고 오가는 사람들을 통해 유럽에도 소개되었어요. 물론 여전히 부유한 사람들보다는 하층민들 사이에서 유행했지요.

초기에 탱고는 아르헨티나는 물론 유럽에서도 상류층에서는 그다지 환영받지 못했어요. 귀족이나 상류층이 아니라 가난한 이들이 추는 춤이라는 이유도 있었지만, 그보다 더 중요한 이유는 탱고가 너무 도발적이라는 것이었어요.

실제로 탱고는 굉장히 관능적인 춤입니다. 남녀가 서로 몸을 밀착한 채 끊임없이 발을 움직이는데 이따금씩 서로의 다리가 교차하거나 닿기도 하지요. 누군가 탱고를 "다리 사이의 전쟁"이라고 표현하기도 할 만큼 선정적인 춤처럼 보이는 것도 사실이에요. 게다가 남들이 다 보는 공개된 장소에서 남녀가 대놓고 손을 잡고 추지요. 지금보다 훨씬 더 보수적이던 시절이니, 점잖은 사람들이 쉽사리 출 수 있는 춤이 못 된다고 생각하는 것도 무리는 아니지요.

실제로 독일 황제였던 빌헬름 2세는 탱고를 두고 "일반의 품위와 예의범절을 모욕하는 도발적인 춤"[35]이라고 못마땅해하면서 독일 장교들이 추는 것을 금지하기도 했어요. 교황 피오 10세 역시 "가정과 사회생활을 파괴하는 이처럼 음란하고 야만적인 춤이 교황청에까지 침투해 있다."면서 탱고를 인정하려 들지 않았어요.[36]

하지만 그런 반대에도 아랑곳없이 많은 사람이 탱고에 매혹되었습니다. 탱고가 주는 자유로움과 해방감을 즐기고 싶은 이들은 늘어만 갔어요. 특히 프랑스의 수도 파리에서 탱고가 대유행을 했지요. 탱고에 홀린 파리 사람들은 아예 본고장인 아르헨티나에서 유명한 탱고 음악가들을 초대해 음악과 춤을 즐겼습니다.

부에노스아이레스에서 만난 탱고 공연

유럽 사람들은 탱고를 유럽의 전통 춤과 섞어서 조금 색다르게 바꾸어 갔어요. 아르헨티나의 탱고는 약간 음울한 분위기가 있었다면, 프랑스에서는 좀 더 화려하고 세련되어졌지요. 그래서 이를 '콘티넨탈 탱고(대륙 탱고)'라고 따로 구별해 부르기도 합니다.

유럽에서 탱고가 유행한다는 소식, 특히 파리의 중상류층 젊은이들을 사로잡았다는 소식은 아르헨티나 사람들이 탱고를 새롭게 보는 계기가 되었어요. 하층민들이나 추는 춤, 점잖지 못한 춤이라고 생각했던 아르헨티나 부자들과 상류층이 탱고를 돌아보게 되었지요. 당시 아르헨티

🎵 탱고의 악기, 반도네온

탱고는 춤이자 시이자 음악이기도 합니다. 특히 음악은 춤과 함께, 또 춤과 관계없이 독자적으로 발전해 나갔어요. 초창기 탱고는 바이올린, 플루트, 기타의 세 악기로 연주하는 3중주로 연주되었지요. 그런데 반도네온이란 새로운 악기가 인기를 끌면서 플루트의 자리를 반도네온이 슬그머니 차지했습니다.

반도네온에도 이민자의 역사가 스며 있어요. 탱고를 연주할 때 늘 등장하는 대표적인 악기여서 아르헨티나의 전통 악기 같지만, 사실 독일 이민자들이 가지고 온 악기예요. 원래 독일 농촌 지역에서 찬송가를 보급하기 위해 만들어졌지요. 가난한 시골 교회에서 오르간 없이 찬송가의 반주를 할 수 있도록 만든 악기였어요. 그 악기를 독일 이민자들이 이민선에 오를 때 가지고 타면서 아르헨티나에 오게 되었고, 특유의 구슬픈 음색이 탱고와 잘 어울렸던 덕분에 탱고와 늘 짝을 이루는 악기가 되었지요.

반도네온도 탱고만큼이나 빠르게 퍼져 나가서, 탱고를 추는 곳이라면 어디서나 반도네온의 선율이 울려 퍼졌습니다.

탱고의 전설로 불리는 카를로스 가르델의 초상이 있는 부에노스아이레스의 한 카페

나 사람들은 유럽 중에서도 문화 수준이 높다고 생각되는 파리를 이상
향으로 삼아 도시와 문화를 만들어 가려고 애쓰고 있었거든요. 급기야
탱고는 유럽에서 다시 아르헨티나로 역수입되기에 이르렀습니다. 그리
고 아르헨티나와 유럽 모두에서 바야흐로 전성기를 구가하게 되지요.

쿠바의 영혼, 살사

탱고가 프랑스에서 큰 인기를 얻었다면 라틴 댄스의 또다른 갈래,
살사는 미국, 특히 뉴욕에서 큰 반향을 불러일으켰습니다. 살사는 원래
쿠바에서 탄생한 춤이자 노래이자 음악이에요. 19세기 말엽에 쿠바 동
부에서 등장한 '쿠바 손'이라는 장르에서 출발하지요. 쿠바 손은 흑인
들의 집단 군무에 가까워요. 쿠바에 사탕수수 농장이 크게 성장하면서
들어오게 된 아프리카 흑인들이 쿠바 손을 만들어 냈지요. 스페인 전통
과 아프리카 전통이 섞여서 만들어진 만큼 아주 독특했어요. 쿠바 손이
1960년대에 뉴욕에서 카리브해 다른 나라들의 춤과 만나 만들어진 것
이 바로 살사입니다.

살사는 1950~1960년대에 뉴욕으로 이주한 쿠바인들과 푸에르토
리코 출신 예술가들이 크게 발전시켰습니다. 살사를 사람으로 치자면,
유년기는 쿠바에서 보내고 청소년기는 뉴욕에서 보낸 셈이지요. 그 중
심에는 쿠바에서 망명한 댄서이자 가수로 '살사의 여왕'이라 불리는 셀
리아 크루스가 있습니다.

쿠바 아바나항에서 쿠바 손을 추고 있는 댄서들

"향수병은 치료가 되나요?

"향수병은 결코 치료되지도 않고, 극복되지도 않고, 사라지지도 않아
요."

"(쿠바로) 돌아갈 수 있으리라 생각하나요?"

"그러기를 바랍니다. 희망은 마지막에야 사라지는 것이니까."

2000년 12월 스페인의 마드리드에서, 크루스는 한 일간지와 이런
인터뷰를 했어요. 어딘가 서글프지요? 미국에서 살사의 유행은 그렇게

조금 서글프게 시작했습니다. 쿠바 혁명이 일어날 무렵에 많은 쿠바 사람이 원치 않게 쿠바를 떠나 미국으로 망명해야 했고, 바로 그들로부터 살사가 꽃피우게 되었거든요. 셀리아 크루스도 바로 그런 망명 쿠바인 중의 한 사람입니다.

　크루스는 1960년대에 미국으로 망명한 뒤 미국에서 쿠바 음악의 전성기를 이끌었어요. 70개 이상의 음반을 녹음하고, 그래미상만 5개 이상 거머쥐었으며, 1972년에는 히스패닉 최초이자 흑인 최초로 뉴욕 카네기 홀에서 공연을 펼쳤지요. 1987년에는 25만 명이 모인 콘서트를 열어서 기네스북에 오르기도 했습니다. 크루스의 기록은 곧 살사의 역사와 같습니다. 살사의 인기가 정말 대단했지요. 크루스는 전 세계에 살사를 퍼트리고, 살사 음악에 맞추어 춤추고 노래하게 만들었습니다.

　크루스가 남긴 노래 중에는 지금도 많은 이들이 즐겨 듣는 명곡이 적지 않습니다. 가슴속에 치유할 수 없는 향수병을 안고 있었지만, 크루스의 음악은 결코 슬프지 않았어요. 크루스는 슬픔보다는 삶의 기쁨과 위로를 노래했어요. 크루스의 대표곡인 「인생은 카니발」이라는 노래의 가사를 보면 잘 알 수 있지요.

　삶이 불공평하다고 느끼는 이들이여,
　사실은 그렇지 않다는 것을 알아야 해요.
　삶이란 아름다움 그 자체,
　당신은 살아 나가야만 해요.

난 혼자라고, 되는 일이 없다고 생각하는 사람들이여,

사실은 그렇지 않다는 것을 알아야 해요.

삶에서 혼자인 사람은 없어요.

항상 누군가가 있게 마련이에요.

2003년에 세상을 뜨기까지 결국 쿠바로 돌아가지 못했지만, 크루스는 살사의 매력을 널리 알렸습니다. 지금도 일본에만 30여 개의 살사 밴드가 있을 정도로, 살사는 전 세계적인 인기를 얻고 있지요.

🔍 살사는 왜 살사일까?

살사라는 이름은 스페인어로 소금을 뜻하는 '살sal'과 소스를 뜻하는 '살사salsa'에서 유래했다고 전해집니다. 그런데 이것보다 좀 더 재밌는 설이 하나 있어요. 1967년에 베네수엘라에서 열린 한 콘서트에서 사회자가 콘서트를 후원해 준 토마토소스 회사를 홍보해 주느라 "자, 음악에 살사(소스)를 칩시다."라고 말했는데 그 후로 살사가 되었다는 설이지요. 살사라는 춤이 인생의 맛을 내게 한다는 점을 생각하면 은근히 설득력이 있습니다.

삼바부터 메렝게까지

탱고와 살사뿐만 아니라 라틴아메리카 곳곳에는 다양한 춤이 있어요. 쿠바에는 살사 외에도 '맘보'가, 도미니카 공화국에는 '메렝게'와

'바차타'가, 콜롬비아에는 '쿰비아'가, 브라질에는 '삼바'가, 멕시코에는 '단손'이 있지요. 흔히 라틴 댄스라 불리는 이 춤들은 각각 독특한 유래와 전통을 갖고 있습니다.

도미니카 공화국에서 만들어진 메렝게도 흑인들 사이에서 시작되었어요. 메렝게의 기원에 관해서는 다양한 설이 있어요. 그중에 널리 알려진 것은 흑인 노예들의 몸동작에서 왔다는 것이에요. 이 나라에는 노예 무역을 통해 들어온 흑인들이 많았는데, 이들은 발에 쇠고랑을 차고 일할 때가 많았습니다. 노예가 도망가거나 꾀를 부리는 것을 막기 위해 노예주들이 그런 잔인한 일도 서슴지 않은 거예요. 흑인들은 쇠고랑을 찬 채 주인의 눈을 피해 서로 소통하곤 했어요. 발이 무거우니 몸을 어기적어기적 움직일 수밖에 없었는데, 바로 그 몸동작에서 나온 춤이 메렝게라고 하지요.

브라질에서는 삼바가 유명해요. 삼바도 브라질에 끌려온 흑인 노예들 사이에서 시작되었습니다. 고향인 아프리카에서 추던 춤이 당시 브라질을 지배한 포르투갈의 전통 춤과 만나서 새로워졌지요. 특히 노예 해방 후 일자리를 찾아 상파울루나 리우데자네이루 같은 대도시로 모여든 가난한 흑인들이 '작은 아프리카'라고 불리던 빈민촌 파벨라에 자리 잡고 살면서 삼바를 즐겨 추었어요. 삼바는 몸을 앞뒤, 좌우, 위아래로 모두 흔들며 추지요. 개그맨 유재석이 가끔 마구 촐랑대는 몸동작을 보이며 삼바 춤이라고 우기는 바람에 우리나라에서는 삼바가 다소 희화화되어 있지만, 삼바는 사실 경쾌하면서도 한편으로는 애잔한 춤입

리우데자네이루의 공연장에서 삼바 음악을 연주하고 있는 삼바 악단

니다. 조금 모순적인 말 같지만 실제로 삼바는 그 두 가지 정서를 모두
담고 있어요.

"슬픔보다는 기쁨이 낫다. 기쁨이 가장 좋은 것이다. 우리 마음속에 있
는 빛과도 같다. 하지만 아름다운 삼바 연주에는 슬픔이 담겨 있다. 그
렇지 않으면 삼바라고 할 수 없다."

브라질의 시인이자 가수인 비니시우스 지 모라이스는 〈축복의 삼바)라는 노래에서 이렇게 삼바를 이야기했어요. 삼바에는 아프리카에서 온 흑인들의 고통스러운 과거도 담겨 있지만, 또 이들만의 본능적인 리듬감, 인생의 즐거움이 오묘하게 담겨 있다는 점을 표현했지요. 삼바는 오늘날 카니발과 함께 브라질을 대표하는 문화로 자리 잡았습니다. 브라질에서 매해 열리는 카니발은 화려한 삼바 퍼레이드로 세계적인 관심을 모으고 있지요.

삼바 카니발은 어떻게 시작되었을까?

브라질의 이른바 '삼바 카니발'이 유명해지면서 카니발 하면 바로 삼바를 연상하게 되었지만, 사실 카니발과 삼바는 따로 발전해 왔습니다. 삼바가 아프리카에서 온 흑인들의 문화에서 시작되었다면 카니발은 유럽에서 온 백인들의 문화에서 시작되었지요.

카니발은 원래 가톨릭에서 사순절을 앞두고 떠들썩하게 먹고 즐기는 전통 축제였어요. 브라질에 포르투갈계 백인들이 정착하면서 브라질에서도 카니발의 역사가 시작되었지요. 이 축제가 열리면 사람들은 길을 가는 이들에게 밀가루나 물, 진흙을 던지며 노는 '엔트루두'를 하곤 했어요. 이때만큼은 남녀나 인종을 구분하지 않고 모두가 격의 없이 어울려 놀았지요.

그런데 이 축제에 노예 해방 이후부터 흑인들도 참여하기 시작했습니다. 흑인들은 군무를 추거나 행진을 하면서 자기들만의 방식대로 축제를 즐겼지요. 삼바가 발전하면서 카니발 속에 삼바가 들어가기 시작했고 1932년부터는 아예 '삼바 스쿨'이라고 불리는 퍼레이드단이 카니발을 수놓게 되지요.

오늘날에도 삼바 스쿨의 퍼레이드는 브라질 카니발의 꽃으로 불려요. 다른 카니발에서는 볼 수 없는 화려한 삼바 무용수들은 브라질을 카니발에 관한 한 독보적인 나라로 만들고 있지요.

라틴 댄스들의 공통점

　제각기 다른 나라에서 시작된 라틴 댄스들은 몇 가지 공통점이 있어요. 우선 거의 모든 춤이 남녀가 짝을 이루어 추는 춤입니다. 생각해 보면 특이한 점이에요. 우리나라를 비롯해 세계의 많은 나라에서 홀로 추거나 군무를 추는 경우는 있어도 남녀가 한 쌍이 되어 추는 춤이 발달하는 경우는 드물지요. 남녀는 일곱 살만 되어도 한 자리에 같이 앉지 않는다는 '남녀칠세부동석'까지는 아니어도, 서양이든 동양이든 역사적으로 남녀를 구별하는 문화가 많았으니까요.

　하지만 라틴 댄스들은 그런 제약에서 자유로워요. 남녀가 대범하게 짝을 맺어 추고, 춤을 추는 동안 서로간의 접촉도 자유롭지요. 심지어 그 댄스 파트너들은 계속 바뀌어요. 누군가 춤을 청하면 낯선 사람이더라도 웬만하면 거절하지 않는 것이 매너지요. 그런 점에서 귀족적이기보다, 서민들의 활기 넘치는 분위기를 담고 있습니다.

　실제로 이 춤들은 모두 귀족이나 상류층이 아니라 가난한 서민이나 하층민들이 만들어 냈다는 것 역시 흥미로운 공통점입니다. 흔히 문화는 위에서 아래로, 즉 사회의 상류층에서 만들어서 아래로 전파한다고들 하지요. 특히 고급문화일수록 상대적으로 여유와 지식이 있는 상류층이 주도해요. 하지만 라틴 댄스들은 그렇지 않아요. 모두 항구에서, 빈민가에서, 흑인 노동자 마을에서 민중들이 삶과 애환을 담아 추던 춤이지요. 그래서 초기에는 귀족이나 상류층들이 가난한 이들이나 추는 천박한 춤이라며 무시하거나 경멸하기도 했지만, 라틴 댄스들은 그런 편견조차 스스로 없애 가면서 세계 여러 나라로 퍼져 나갔습니다.

대체로 음악과 춤이 함께 발전했다는 것도 독특해요. 탱고 음악과 탱고 춤, 살사 음악과 살사 춤은 서로 분리할 수 없을 만큼 밀접하게 결합되어 있지요.

이 모든 춤이 비슷한 시기에 시작되었다는 것도 공통점이에요. 탱고가 1890년경에 태어났고, 그 비슷한 시기에 콜롬비아에서 쿰비아가 태어났어요. 또 1850년경에 메렝게가, 1870년경 쿠바 손이 태어났지요. 모두 19세기 후반에 우후죽순으로 생겨난 거예요. 이 시기는 라틴아메리카의 여러 나라가 식민지에서 독립한 뒤 각국에서 대중들이 본격적으로 부상하던 무렵입니다.

전에는 남몰래 숨어서 추던 춤을, 민중들에게 힘이 생기면서, 더욱 중요하게는 노예 해방이 되면서 공개적인 장소에서 대담하게 추기 시작한 겁니다. 그래서 겉으로 보기엔 '폭발적으로' 다양한 춤이 세상에 나타난 것처럼 보이지요.

라틴아메리카에서 이 춤들은 끊임없이 섞이고 바뀌면서 진화하고 있습니다. 탱고를 현대적으로 재해석한, '고탕'이라고 불리는 새로운 춤도 나왔어요. 탱고라는 단어를 뒤집어서 춤에 이름을 붙인 것이지요. 라틴 댄스의 역사는 지금도 계속되고 있습니다.

03 삼바 축구
축구만큼은 세계 최강

몇 해 전에 인터넷을 떠들썩하게 한 아프가니스탄의 다섯 살배기 소년이 있었습니다. 이름은 아흐마디지만, '비닐봉지 메시'라는 별명으로 더 유명했지요. 축구를 정말 좋아하는 이 소년은 아르헨티나 축구 선수 리오넬 메시의 팬이었어요. 자신의 축구 영웅을 닮고 싶은 마음에 소년은 비닐봉지로 만든 메시의 유니폼을 입고 공을 찼어요. 비닐봉지를 조끼 모양으로 오린 다음, 파란색 펜으로 선을 죽죽 그어 메시의 유니폼과 비슷하게 만들고는 등에 메시의 이름을 크게 적은 거예요. 세상에 단 하나뿐인 이 비닐봉지 유니폼은 아흐마디의 형이 만들어 주었다고 하지요.

비닐봉지 유니폼이나마 몸에 걸치고 만족스러운 듯 해맑게 웃는 소년의 모습은 인터넷을 통해 전 세계로 전파되었습니다. 각국의 많은 사람이 아흐마디의 순수한 미소에 매료되었지요. 한편으로는 전쟁을 치르느라 축구장은커녕 변변한 잔디밭도 없는 곳에서 비닐봉지로 유니폼을 만들어 입을 수밖에 없는 소년의 가난을 안타까워했어요.

그러던 중 이 소년에게 기적이 일어났습니다. 인터넷을 타고 소년의 영웅 메시에게도 그 소식이 전해진 거예요. 메시는 카타르의 수도 도하에서 열리는 자신의 경기에 소년을 초청했어요. 소년과 포옹하고 함께 사진도 찍었지요. 소년이 지켜본 그날, 메시의 팀은 우승도 거머쥐었습니다. 진짜 메시와 '비닐봉지 메시'의 만남을 보며 많은 이가 흐뭇해했지요.

메시는 어떤 선수기에, 머나먼 아프가니스탄에 사는 꼬마의 마음까지 사로잡은 걸까요? 메시 이야기를 하자면, 라틴아메리카의 '국민 스포츠'라고 해도 좋을 축구 이야기를 먼저 해야 합니다.

축구는 세속적인 종교

라틴아메리카는 '축구의 대륙'이라는 표현이 전혀 어색하지 않아요. 우리나라에서도 축구 유학을 떠날 정도로, 축구로는 세계에서 가장 탁월한 대륙입니다. 이 대륙이 배출한 뛰어난 축구 선수로는 1999년에 국제올림픽위원회가 20세기 최고의 운동선수로 꼽은 브라질의 펠레, "마라도나는 축구 그 자체이다."라는 평을 받은 아르헨티나의 마라도나, 그런 마라도나 이후 최고의 선수로 꼽히는 호나우두, 그리고 '비닐 봉지 메시'의 영웅 메시 등등이 있어요. 이 대륙에서는 천재적인 축구 선수들이 끊임없이 등장해 전 세계의 축구 팬들을 열광시키고 있지요.

축구로는 유럽의 이탈리아나 독일도 만만치 않지만, 이들 나라와 월드컵에서 늘 1, 2위를 다투는 나라가 바로 브라질과 아르헨티나입니다. 브라질의 축구는 '세계 최강'으로 꼽히고, 아르헨티나는 '남미 최강'의 축구 팀으로 손꼽히지요. 잠깐, 브라질과 아르헨티나 모두 남아메리카에 있는데 왜 세계 최강과 남미 최강이 따로따로인 걸까요? 말이 안 되는 듯하지만 여기에도 이유가 있습니다. 브라질은 세계 최강의 축구 실력을 자랑하면서도 아르헨티나와 맞붙을 때면 쉽지 않은 경기를 펼치곤 하지요. 브라질과 제대로 한판 승부를 벌일 수 있는 나라가 바로 아르헨티나이기 때문에 아르헨티나는 남미 최강이라는 별명이 붙었습니다.

"나는 축구 선수처럼 글을 쓴다. 축구 선수가 엄격한 훈련과 집요함으로 경기에 임하듯이."라는 말로 축구에 대한 무한한 애정을 표현했던 소설가 마리오 바르가스 요사는 "라틴아메리카에서 축구는 세속적인 종교이다."라는 말로 이 대륙에서 축구의 인기를 표현했어요. 마치 기독교 신자들이 일요일 아침에 교회를 가듯 라틴아메리카 사람들은 일요일만 되면 축구장을 찾기 때문이기도 하지만, 그보다 더 중요한 이유는 이들이 축구를 통해 열정과 격정을 마음껏 발산하기 때문입니다. 이어지는 다음의 말이 바로 그것을 설명하고 있지요.

"과거에는 오직 종교만이 이와 같은 비이성적이고 집단적인 표출을 불러일으킬 수 있었다. 지금은 축구가 바로 그런 역할을 하고 있기 때문에, 우리 시대의 세속적인 종교는 바로 축구라고 할 수 있다."

비이성적인 열정은 종종 폭력으로 나아가기 때문에 마냥 좋은 것일 수는 없어요. 하지만 마냥 나쁜 것만도 아닌 것이, 축구장에서 마음껏 감정을 발산하고 나면 그 후에는 마음이 한결 차분해지고 정돈되기도 합니다. 라틴아메리카 사람들에게 축구장이란 바로 그런 곳이지요. 라틴아메리카에서는 언제부터 이렇게 축구를 즐겨 왔을까요?

영국 선원들의 발을 타고

축구의 종주국은 영국이라고 할 수 있어요. 1863년에 런던의 한 술집에서 열두 개의 축구 클럽이 만들어지면서 최초의 근대적인 축구가 시작되었다고 하지요. 물론 그때는 지금과 규칙이 많이 달랐습니다. 초기에는 골키퍼도 없었다고 하지요. 하지만 그 후 경기가 계속되면서 오늘날과 같은 축구의 형태가 완성되어 갔습니다. 열한 명이 그라운드에서 뛰면서 공격수와 미드필더 같은 역할을 나누어 맡게 되었고, 골대의 규격도 정확히 결정되었지요.

축구가 라틴아메리카에서 시작된 것은 무역을 하러 온 영국인들을 통해서였습니다. "영국 선원들의 발을 통해"[37] 축구가 들어왔고 항구에서 축구의 역사가 시작되지요. 구두나 밀가루를 실은 무역선이 아르헨티나의 수도 부에노스아이레스나 우루과이의 수도 몬테비데오의 항구에 도착하면, 배를 타고 온 영국 선원들은 무역품이 하역되는 동안, 부두 근처에서 축구를 하곤 했어요. 영국 사람들이 모여 축구를 하는 것을 보면서 라틴아메리카 사람들도 하나둘 따라 하게 되었지요. '그라운드', '골키퍼', '페널티' 같은 영어의 축구 용어들도 자리 잡았습니다.

이는 미국과 접점이 많았던 나라들에는 미국에서 인기 있던 경기인 야구가 전파된 것과 퍽 대조적이에요. 미국과 비교적 가까우면서 미국의 영향을 많이 받았던 나라들, 예컨대 쿠바, 베네수엘라 등지에서는 지금까지도 야구를 더 즐겨요. 흥미롭게도 라틴아메리카에서 야구를 즐기는 나라와 축구를 즐기는 나라가 서로 겹치지 않아요. 멕시코만 해도 야구 경기가 많이 열리지만 국민들의 응원이 아주 뜨겁지는 않습니다.

라틴아메리카에서 축구가 항구에서 시작되었다는 사실은 아르헨티나의 축구 팀 이름만 보아도 알 수 있어요. 아르헨티나의 대표적인 축구 팀 중에 '보카주니어스'라는 팀이 있습니다. '라보카 항구의 아이들'이란 뜻인데, 이름 그대로 이 지역에서 축구를 하던 이탈리아 이민자들이 중심이 되어 만든 팀이에요. 그때 시작되어 지금까지도 그 명맥을 유지하고 있지요. 이름은 여전히 주니어스지만, 결코 아이들의 팀은 아니에요. 프로 선수들이 뛰는 팀입니다.

보카주니어스 팀의 유니폼을 어떻게 만들게 되었는지에 대해 전해 내려오는 이야기가 하나 있어요. 1905년에 축구팀을 만들기로 결심한

보카주니어스축구클럽의 요람인 라보카 항구에 있는 축구용품 가게.
보카주니어스클럽의 깃발이 가운데에 있다(파란색에 노란색 띠가 있는 깃발).

세 이탈리아 이민자가 강어귀에 나란히 앉아서 축구팀 깃발을 어떻게 만들까 의논하고 있었습니다. 바다를 물끄러미 바라보면서 생각에 잠겼는데 마침 스웨덴 배가 눈앞에 지나가더라는 거죠. 그 배에는 스웨덴 국기가 선명하게 그려져 있었고요. 그것을 본 이들은 즉흥적으로 스웨덴 깃발에 있는 노란색과 파란색으로 깃발을 만들기로 정했다고 합니다. 유니폼도 그렇게 정했지요. 입에서 입으로 전해지는 이야기이니 사실 여부를 정확히 확인하기는 어렵지만, 실제로 라틴아메리카 축구는 그 정도로 소박하게 시작되었습니다.

아르헨티나에는 보카주니어스 말고 유명한 축구팀이 하나 더 있어요. '리버플레이트'라는 축구팀이에요. 보카주니어스와는 대조적으로, 이 축구팀은 비교적 잘사는 집안의 아이들로 구성되어 시작되었어요. 보카주니어스에 대항해서 도시의 중산층들이 뭉쳐 만들었다고 하지요. 지금까지도 이 두 팀은 아르헨티나에서 대표적인 라이벌 팀으로 꼽히고 있습니다.

항구를 통해 들어온 축구를 발전시킨 이들은 탱고가 그러했듯 대체로 가난한 사람들이었어요. 처음에는 주로 중산층의 사교 클럽에서 축구를 한 탓에 '젠틀맨의 스포츠'로 알려졌지만, 축구에 더욱 열광한 것은 서민들이었지요. 지금도 그렇지만 그때도 축구는 즐기는 데 돈이 별로 들지 않았습니다. 공 하나만 있으면 땅에 금을 긋고 돌멩이로 골문의 위치를 대략 표시하고 난 뒤 바로 게임을 즐길 수 있었지요. 공도 금방 만들 수 있습니다. 헌 양말에 헝겊과 종이를 채워 넣으면 공 하나쯤 뚝딱 만드는 것은 일도 아니었어요.

당시 부에노스아이레스는 도시 개발이 한창이었는데, 그 덕분에 도시 안에는 건물을 세우려고 조성해 둔 공터가 많았습니다. 도시 곳곳에 생긴 공터에서 사람들이 공을 차며 놀기 시작했지요. 축구 외에는 가난한 이들이 즐길 만한 스포츠가 없었던 것도 축구가 대표적인 스포츠로 자리 잡은 이유였지요. 축구는 항구의 가난한 이들에게서 시작해, 점차 라틴아메리카 거의 전역에서 전 계층이 즐기는 스포츠가 되어 갔습니다.

그러면서 그들만의 독특한 스타일도 만들어졌습니다. 영국은 신사의 나라라고 자부하는 나라답게 축구에서도 규칙이나 매너, 질서를 중

라보카의 상징인 카를로스 가르델, 에비타, 마라도나를 묘사한 인형이 있는 건물

시했지만, 라틴아메리카 사람들은 그런 것에서 자유로웠어요. 과장 섞인 동작으로 상대방을 혼란에 빠트리는 페이크 모션부터 각자의 개성대로 달리는 스타일까지, 선수들은 어떤 규제에도 얽매이지 않고 제멋대로 자유롭게 공을 찼지요. 특히 축구 강국인 브라질의 축구는 '삼바 축구'라고 불려요. 마치 춤을 추듯 유연한 몸동작을 구사하며 기기묘묘하게 공을 찬다고 해서 붙여진 별명이지요. 우루과이의 언론인 에두아르도 갈레아노는 삼바 축구에 대해서 이렇게 묘사하기도 해요.

"허리가 휙휙 휘어지고, 몸이 파도치듯 웨이브 지고, 다리가 붕붕 날아다니는 세계에서 가장 멋진 축구."[38]

브라질 축구를 한 번이라도 본 사람이라면 이런 경기 풍경을 머릿속에 그릴 수 있을 거예요. 삼바 축구의 등장은 축구의 스타일을 한 단계 업그레이드하는 계기가 되었습니다. 정통 유럽 축구에는 없는 스타일로 축구의 재미를 더욱 배가해 주었지요.

축구와 인종 차별

그런 라틴아메리카의 축구 역사에서도 안타까운 일들이 종종 벌어졌습니다. 대표적인 것이 인종 차별이에요. 축구 경기장을 휘젓고 다니던 펠레의 얼굴을 기억하는 사람들은 한때 브라질이 축구 경기에 유색인들의 출전을 금지했다는 사실을 믿기 힘들 거예요. 하지만 이 대륙에 축구 클럽들이 생기고 국제적인 축구 대회가 개최되면서, 인종 차별이 이따금 일어났습니다.

1916년에 시작된 '코파아메리카'라는 이름의 축구 대회가 있어요. 일종의 남아메리카 축구 선수권 대회라고 할 수 있지요. 그런데 이 대회가 1921년 부에노스아이레스에서 열렸을 때, 당시 브라질 대통령 페소아는 피부색이 갈색인 선수들을 이 대회에 출전시키지 말라는 명령을 내립니다. 혼혈들은 대회에 나가지 말라는 어처구니없는 명령이었지요. '국가의 체면'을 위해서라는 것이 그 이유였습니다. 이 말도 안 되는 조치로, 당시 화려한 실력을 뽐내던 선수인 아르투르 프리덴라이히가 대회에 나가지 못했어요. 프리덴라이히는 독일인 아버지와 흑인 어머니 사이에서 태어난 물라토였거든요. 훌륭한 선수들을 차별한 대가였을까요? 그해 브라질은 세 경기 중 두 경기에서 고배를 마셨습니다.

노골적인 인종 차별에도 불구하고, 라틴아메리카에서는 흑인 선수들은 물론 뛰어난 혼혈 선수들이 계속 배출되었습니다. 그중에서도 브라질에서 태어난 펠레는 가장 전설적인 축구 선수예요. 펠레는 라틴아메리카 축구의 저력을 처음으로 전 세계에 과시한 선수이기도 하지요. 국제올림픽위원회가 모든 종목을 통틀어 20세기 최고의 운동선수로 꼽을 정도예요. 펠레가 가진 기록은 전무후무해요. 1363회의 경기에서 무려 1281개의 골을 넣었는데 이 기록은 아직까지도 깨지지 않았습니다. 또 브라질에 1958년, 1962년, 1970년에 월드컵 우승컵을 안겨 주었지요. 브라질 대통령 자니우 쿠아드루스는 1960년에 펠레를 '국보'로 선언하기에 이르러요. 펠레는 축구를 그냥 잘하기만 한 것이 아니라, 축구를 '아름다운 게임'으로 만들었다는 평가도 받지요.

브라질에 펠레가 있다면, 아르헨티나에는 디에고 마라도나가 있어요. 마라도나는 앞서 말한 보카주니어스에서 뛰었던 선수예요. 어릴 때부터 재능을 뽐내서 '축구 신동'이라고 불렸는데, 보카주니어스 청소년 팀에 있을 때 팀을 136경기에서 무패로 이끌기도 했지요. 엄청난 실력을 보인 덕분에 무려 만 15세에 성인 팀에서 정식으로 데뷔하게 됩니다.

스페인의 팀에 이어 이탈리아의 팀, 아르헨티나의 팀으로 옮기며 각 팀을 세계적인 팀으로 만들었어요. 월드컵에는 1982년부터 1994년까지 네 차례에 걸쳐 출전했고, 아르헨티나의 1986년 월드컵 우승과 1990년 준우승을 이끌었습니다.

라틴아메리카에서 축구 신화는 지금도 계속 쓰이고 있어요. 최근에는 아르헨티나의 리오넬 메시, 브라질의 호나우지뉴, 네이마르 등이 그 신화를 이어 가고 있지요.

🔍 펠레의 저주

위대한 축구 선수 펠레에게는 화려한 이력에 걸맞지 않는 우스꽝스러운 징크스가 하나 있어요. 바로 '펠레의 저주'입니다. 펠레는 은퇴한 이후에 축구 경기를 관람하면서 그 결과를 예측하곤 했는데, 예측하는 것마다 빗나갔어요. 1978년 아르헨티나 월드컵에서는 독일이 가장 강력하고 페루가 만만치 않을 것이라고 예언했는데, 두 팀 모두 2라운드에서 탈락했어요. 1990년 이탈리아 월드컵에서는 우루과이와 이탈리아가 결승에서 격돌하리라고 예언했는데, 우루과이는 16강에서 일찌감치 탈락하고 이탈리아도 준결승에서 떨어지고 말았습니다. 2002년 한일 월드컵에서도 펠레의 저주는 빛났어요. 프랑스가 승자가 될 것이고 포르투갈도 우승 후보라고 예언했는데, 두 팀 모두 조별 예선에서 탈락하고 말았거든요.

30년 넘도록 수많은 예측이 빗나가자, 나중에는 아예 펠레가 이긴다고 예측하는 것을 승리에서 멀어진다는 예언으로 받아들이기 시작했습니다. 펠레로서는 정말 망신스러운 징크스겠지만 축구 팬들에게는 그것도 관람의 한 재미 요소지요.

삼바 축구의 비결

라틴아메리카 사람들은 왜 이렇게 축구를 좋아하고 또 잘할까요? 그 이유를 설명하기 위해 많은 사람이 다양한 가설을 세웠어요. 어떤 사람들은 원주민 문명에서 그 이유를 찾았습니다. 마야족에게는 공을 허리로 툭툭 치며 즐기는, '피찰'이라는 전통 경기가 있었어요. 손도 발도 아닌, 꼭 허리로만 공을 차야 하는 경기였는데, 마야족은 그 경기를 꽤 즐겼던 모양인지 축구장과 비슷한 '구기장' 유적이 따로 발견될 정도지요. 하지만 이 피찰에서 오늘날의 축구 실력이 나왔다는 이야기는, 얼핏 듣기에도 다소 무리가 있어 보입니다. 현대 축구와의 인연을 찾기에는 너무 오래전의 일인 데다, 단순히 구기 종목이니 비슷하다고 하기에는 구기 종목의 범위가 무척 넓어요. 결정적으로 지금 라틴아메리카에서 축구를 가장 잘하는 나라는 브라질인데, 브라질은 마야족이 살던 곳이 아니랍니다! 이곳엔 피찰의 전통이 없어요.

라틴아메리카에 흑인이 많아서 잘한다는 가설도 있습니다. 흑인 중에는 키가 크고 체격 조건이 좋아서 축구를 하기에 좋은 몸을 가진 사람들이 많은데, 그런 흑인들의 피를 이어받았기 때문에 축구에 뛰어나다는 거예요. 브라질은 라틴아메리카 국가 중에서도 흑인이 많은 나라이니, 얼핏 그럴듯해 보이지요. 하지만 그런 식으로 말하자면 아프리카 대륙이 가장 축구를 잘해야 맞지 않겠어요? 결정적으로 이 가설은 라틴아메리카가 낳은 최고의 축구 선수인 마라도나를 설명하지 못합니다. 마라도나는 키가 작거든요. 마라도나의 키는 정확하게 알려져 있지 않지

브라질 상파울루의 빈민가에서 축구하고 있는 소년들

만 164센티미터 안팎이라고 봐도 크게 틀리지 않아요. 신체 조건을 타고나야 훌륭한 선수가 될 수 있다는 생각은 편견에 불과하다는 것을, 다른 사람도 아닌 마라도나가 반박하고 있습니다. 이 가설도 라틴아메리카의 축구 실력을 설명하지는 못하겠지요.

사실 그에 대한 해답은 하나로 결론지을 수 없을 거예요. 하지만 펠레와 마라도나의 사례에서 힌트를 한 가지 얻을 수는 있습니다. 펠레와 마라도나 모두 가난한 동네에서 태어났어요. 학교를 제대로 다닐 수 없을 만큼 가난했던 이들에게 축구는 유일하게 사회적으로 성공할 수 있는 통로이자, 가족을 먹여 살릴 수 있는 길이자, 오직 실력 하나로 무시당하지 않고 살 수 있는 방법이었어요. 축구는 야구나 수영처럼 운동하는 데 많은 장비가 필요하지도 않아서 시작하기에 부담도 적었지요.

또 축구에서 유럽 나라들을 상대로 이기는 것은 라틴아메리카 사람들에게 짜릿함과 통쾌함을 선사해 주었습니다. 당장 경제적으로는 이들 나라를 앞서지 못하지만, 축구만큼은 그들도 우리를 넘볼 수 없다는 자신감을 주지요. 유럽의 축구 강국들이 탐내는 선수를 여럿 보유하고 있다는 사실도 라틴아메리카 국민들에게는 큰 자부심이에요. 이들 나라에서 축구 영웅들에 보내는 찬사는, 축구에 소질 있는 아이들에게 큰 동기 부여가 되었을 거예요.

물론 이런 요소만으로 이들의 축구 사랑을 모두 설명할 수는 없을 거예요. 어쩌면 이들은 '축구를 잘하는 유전자' 같은 것을 타고나는지도 몰라요. 과학적으로는 말이 안 되지만, 그것이 아니면 도무지 설명할 수 없을 만큼 이들은 축구를 잘하거든요! 그 덕분에 우리는 삼바 축구처럼 기기묘묘한 축구를 즐길 수 있지요.

1 이성형, 『콜롬버스가 서쪽으로 간 까닭은?』, 까치, 2003, 122쪽.

2 마스다 요시오, 『이야기 라틴아메리카사』, 심산, 2003, 41쪽.

3 마스다 요시오, 『이야기 라틴아메리카사』, 심산, 2003, 43쪽.

4 파블로 네루다, 고혜선 옮김, 『모두의 노래』, 문학과지성사, 2016, 70쪽.

5 에르네스토 체 게바라, 이재석 옮김, 『체 게바라의 라틴 여행 일기』, 이후, 2000, 129~130쪽.

6 카를로스 푸엔테스, 서성철 옮김, 『라틴아메리카의 역사』, 까치, 1997, 135쪽.

7 미겔 레온-포르티야 엮음, 고혜선 옮김, 『정복당한 자의 시선』, 문학과지성사, 2015, 19~20쪽.

8 고혜선 옮김, 『마야인의 성서 포폴 부』, 문학과지성사, 1999, 25쪽.

9 래리 주커먼, 박영준 옮김, 『감자 이야기』, 지호, 2000, 24쪽.

10 래리 주커먼, 박영준 옮김, 『감자 이야기』, 지호, 2000, 23~24쪽.

11 소피 코, 마이클 코, 서성철 옮김, 『초콜릿』, 지호, 2001, 118~119쪽.

12 소피 코, 마이클 코, 서성철 옮김, 『초콜릿』, 지호, 2001, 73쪽.

13 에르베 로베르, 카트린 코도롭스키, 강민정 옮김, 『초콜릿』, 창해, 2000, 21쪽.

14 소피 코, 마이클 코, 서성철 옮김, 『초콜릿』, 지호, 2001, 130쪽.

15 사라 모스, 알렉산더 바데녹, 강수정 옮김, 『초콜릿의 지구사』, 휴머니스트, 32쪽.

16 사라 모스, 알렉산더 바데녹, 강수정 옮김, 『초콜릿의 지구사』, 휴머니스트, 58~59쪽.

17 유왕무 외, 『라틴아메리카 문화의 즐거움』, 스토리하우스, 2014, 68쪽.

18 에두아르도 갈레아노, 박병규 옮김,『불의 기억』, 따님, 2005, 184쪽.

19 미겔 데 세르반테스 사아베드라, 민용태 옮김,『돈 끼호떼』, 창비, 2012, 825쪽.

20 Eduardo Galeano, *Las venas abiertas de América Latina*, Siglo Veintiuno Editores, 2003, 34쪽.

21 Eduardo Galeano, *Las venas abiertas de América Latina*, Siglo Veintiuno Editores, 2003, 34쪽.

22 Eduardo Galeano, *Las venas abiertas de América Latina*, Siglo Veintiuno Editores, 2003, 92쪽.

23 카를로스 푸엔테스, 서성철 옮김,『라틴아메리카의 역사』 상, 까치, 1997, 345쪽.

24 가르시아 마르케스, 송병선 옮김,『꿈을 빌려드립니다』, 하늘연못, 2014, 232~234쪽.

25 헨드리 발렘 반 룬, 조재선 옮김,『시몬 볼리바르』, 서해문집, 2006, 204쪽.

26 Simón Bolívar, *Simón Bolívar, Ideario Político*, El Centuario, 2003, 61쪽.

27 헨드릭 발렘 반 룬, 조재선 옮김,『시몬 볼리바르』, 서해문집, 2006, 146쪽.

28 니나 브라운 베이커, 이정민 옮김,『나는 왕이 아니다』, 파스칼북스, 2004, 339쪽.

29 마크 크레머, 박영원 옮김,『쿠바』, 휘슬러, 2005, 25쪽.

30 미겔 앙헬 캄포도니코, 송병선, 김용호 옮김,『세상에서 가장 가난한 대통령 무히카』, 21세기북스, 2015, 69쪽.

31 미겔 앙헬 캄포도니코, 송병선, 김용호 옮김,『세상에서 가장 가난한 대통령 무히카』, 21세기북스, 2015, 19쪽.

32 가브리엘 가르시아 마르케스, 송병선 옮김,『꿈을 빌려드립니다』, 하늘연못, 2014, 273쪽.

33 가브리엘 가르시아 마르케스, 송병선 옮김,『꿈을 빌려드립니다』, 하늘연못, 2014, 236쪽.

34 마스다 요시오, 신금순 옮김,『이야기 라틴아메리카사』, 심산, 2003, 147쪽.

35 오디세우스 다다,『오직 땅고만을 추었다』, 난다, 2017, 29쪽.

36 오디세우스 다다,『오직 땅고만을 추었다』, 난다, 2017, 29쪽.

37 에두아르도 갈레아노, 유왕무 옮김,『축구, 그 빛과 그림자』, 예림기획, 2006, 126쪽.

38 에두아르도 갈레아노, 유왕무 옮김,『축구, 그 빛과 그림자』, 예림기획, 2006, 130쪽.

가브리엘 가르시아 마르케스, 송병선 옮김, 『나는 여기에 연설하러 오지 않았다』, 민음사, 2016.

가브리엘 가르시아 마르케스, 안정효 옮김, 『백 년 동안의 고독』, 문학사상, 1997.

가브리엘 가르시아 마르케스, 송병선 옮김, 『꿈을 빌려드립니다』, 하늘연못, 2014.

고혜선 옮김, 『마야인의 성서 포폴 부』, 문학과지성사, 1999.

니나 브라운 베이커, 이정민 옮김, 『나는 왕이 아니다』, 파스칼북스, 2004.

데니지 파라나, 조일아 외 옮김, 『다른 세계는 가능하다』, 바다출판사 2004.

래리 주커먼, 박영준 옮김, 『감자 이야기』, 지호, 2000.

마르코스, 박정훈 옮김, 『마르코스와 안토니오 할아버지』, 현실문화, 2008.

마스다 요시오, 신금순 옮김, 『이야기 라틴아메리카사』, 심산, 2003.

마우리시오 라부페티, 박채연 옮김, 『호세 무히카 조용한 혁명』, 부키, 2016.

마크 크레머, 박영원 옮김, 『쿠바』, 휘슬러, 2005.

미겔 데 세르반테스 사아베드라, 민용태 옮김, 『돈 끼호떼』, 창비, 2012.

미겔 레온-포르티야 엮음, 고혜선 옮김, 『정복당한 자의 시선』, 문학과지성사, 2015.

미겔 앙헬 캄포도니코, 송병선, 김용호 옮김, 『세상에서 가장 가난한 대통령 무히카』, 21세기북스, 2015.

박정훈, 『역설과 반전의 대륙』, 개마고원, 2017.

벤자민 킨, 키스 헤인즈, 김원중, 이성훈 옮김, 『라틴아메리카의 역사』, 상·하, 그린비, 2014.

브라이언 W. 블루엣, 올린 M. 블루엣, 김형주 외 옮김, 『라틴아메리카와 카리브해』, 까치, 2013.

사라 모스, 알렉산더 바데녹, 강수정 옮김, 『초콜릿의 지구사』, 휴머니스트, 2012.

세르주 그뤼진스키, 윤학로 옮김, 『아스텍 제국』, 시공사, 1995.

소피 코, 마이클 코, 서성철 옮김, 『초콜릿』, 지호, 2001.

송기도, 『콜롬버스에서 룰라까지』, 개마고원, 2003.

수전 캠벨 바톨레티, 곽명단 옮김, 『검은 감자』, 돌베개, 2014.

심재희, 『월드컵의 강국들』, 살림, 2006.

오디세우스 다다, 『오직 땅고만을 추었다』, 난다, 2017.

우석균, 곽재성, 『라틴아메리카를 찾아서』, 민음사, 2000.

에두아르도 갈레아노, 박광순 옮김, 『수탈된 대지』, 범우사, 1999.

에두아르도 갈레아노, 박병규 옮김, 『불의 기억』, 따님, 2005.

에두아르도 갈레아노, 유왕무 옮김, 『축구, 그 빛과 그림자』, 예림기획, 2006.

에르네스토 체 게바라, 이재석 옮김, 『체 게바라의 라틴 여행 일기』, 이후, 2000.

에르베 로베르, 카트린 코도롭스키, 강민정 옮김, 『초콜릿』, 창해, 2000.

유왕무 외, 『라틴아메리카 문화의 즐거움』, 스토리하우스, 2014.

이성형, 『콜롬버스가 서쪽으로 간 까닭은?』, 까치, 2003.

정혜주, 『옥수수 문명을 따라서』, 이담북스 2013.

주제 사라마구, 강주헌 옮김, 『미지의 섬』, 큰나무, 2000.

천샤오추에, 양성희 옮김, 『쿠바 잔혹의 역사 매혹의 문화』, 북돋움, 2007.

카르망 베르낭, 장동현 옮김, 『잉카』, 시공사, 1996.

카를로스 푸엔테스, 서성철 옮김, 『라틴아메리카의 역사』, 까치, 1997.

파블로 네루다, 고혜선 옮김, 『모두의 노래』, 문학과지성사, 2016.

헨드릭 발렘 반 룬, 조재선 옮김, 『시몬 볼리바르』, 서해문집, 2006.

Eric Hobsbawm, *Años interesantes. Una vida en el siglo XX*, 2003.

Simón Bolívar, *Simón Bolívar, Ideario Político*, El Centuario, 2003.

라틴아메리카는 처음인가요?

2018년 3월 28일 1판 1쇄

지은이 박정훈·김선아

편집 정은숙, 박주혜 디자인 홍경민 마케팅 이병규, 양현범 제작 박흥기
인쇄 천일문화사 제본 J&D바인텍

펴낸이 강맑실 펴낸곳 (주)사계절출판사 등록 제406-2003-034호
주소 10881 경기도 파주시 회동길 252
전화 031)955-8558, 8588 전송 마케팅부 031)955-8595 편집부 031)955-8596
홈페이지 www.sakyejul.co.kr 전자우편 skj@sakyejul.co.kr
블로그 skjmail.blog.me 트위터 twitter.com/sakyejul 페이스북 facebook.com/sakyejul

값은 뒤표지에 적혀 있습니다. 잘못 만든 책은 서점에서 바꾸어 드립니다.
사계절출판사는 성장의 의미를 생각합니다. 사계절출판사는 독자 여러분의 의견에 늘 귀 기울이고 있습니다.
이 책은 저작권법에 따라 보호받는 저작물이므로 무단전재와 무단복제를 금합니다.

ISBN 979-11-6094-358-0 03950

이 도서의 국립중앙도서관 출판시도서목록(CIP)은 e-CIP 홈페이지(http://www.nl.go.kr/ecip)와
국가자료공동목록시스템(http://www.nl.go.kr/kolisnet)에서 이용하실 수 있습니다. (CIP2018008386)